差別と資本主義

レイシズム・キャンセルカルチャー・ジェンダー不平等

トマ・ピケティ
ロール・ミュラ
セシル・アルデュイ
リュディヴィーヌ・バンティニ
著

尾上修悟　伊東未来
眞下弘子　北垣 徹
訳

明石書店

訳者序文

尾上修悟

今日、人種差別や諸々の差別の問題は、どれほど真剣に、かつまた精力的に議論されているであろうか。あるいはまた、それらの問題を解消するための具体的な政策はどれほど練られているであろうか。実はこれらの問いは、社会・経済的不平等を糾弾して平等を希求する人たちにも投げかけられる。T・ピケティは最近、平等に関する歴史を描いた書物をスイユ出版社から刊行した。[1] その中で彼は、差別と対決することを論じる章を設けて次のように唱える。[2] これまでの平等に向けた運動には一つの限界が見られた。それは、そうした運動が権利と機会の平等に関する理論的な原則を、人々の出身の問題と切り離して求めてきた点にある。したがってこの原則が、現実の社会に真に即したものかどうかを判断することはできない。ピケティがこのようにみなすのは、実際に民族・人種的差別のみならず、性差別やその他の社会的差別が世界中で歴然として存在し、そしてそれらの差別が社会・経済的不平等と強く結びついているからに他ならない。そうであれば、平等のための闘いは差別との闘いを内包するものでなければならないし、またそれを可能とする具体的な手段が準備されねばならない。ピケティが本書で断じているように、いかなる国も、またいかなる社会も、人種差別やその他の差別と対決できるモデルを完全な形ではつくり出せていないのである。

例えば人種差別について見れば、我々はその姿を右派や極右派のナショナリストによる発言から直ちに知ることができる。この点は、とりわけ米国やヨーロッパではっきりと見られる。あるいはまた、警察官によるひどい取締をつうじて欧米の黒人に対する差別が鮮明に映し出される。こうした目に見える極端な人種差別に対して、激しい反対運動が展開されていることも我々はよく知っている。米国に限ってみても、一九六〇年代の公民権運動から今日のブラック・ライブズ・マター（黒人の命は大切である）運動まで、半世紀以上にわたって反人種差別運動が繰り返されてきた。それでは、そうした運動でもって人種差別が一挙に解消されたかといえば、話はそう簡単ではない。そこには、歴史的・社会的背景に根ざしたより深い問題が依然として横たわっている。

他方で、人種差別以外の諸々の差別についてはどうであろうか。それらにはまず、目に見える形で現れるものと、目に見えない形で深く潜行しているものがあることに気づく。例えば性差別について言えば、確かに法制的に男女平等の原則が謳われてきたものの、それでもって差別が解消されたと見ることはとうていできない。二〇二二年に発表されたフランスを例にした調査でも、性差別はむしろ強まっていることがわかる。(3) またフランスに即して見れば、男女平等を達成させるためのクォータ制度の導入は、人間の平等という大原則を盾に法的に拒否されてしまう。さらに、職業選択や労働条件の面で女性が依然として差別されていることは全世界で共通している。しかもそうした差別が、必ずしも目に見える形で現れていないことも確かである。

あるいはまた、最重要な公共サービスの一つとして誰でもそれを受けることができるはずの教育の場面でも、社会的に恵まれない階層に対する差別が存在する。この点は、とりわけ欧米ではっきりと見られる。しかもそうした人たちのほとんどは、移民出身者の有色人種である。そこでは、いわゆる積極的格差是正措置が施されているものの、それは偽善にすぎない。さらに目を世界に向けてみれば、そこには周辺部としての発展途上国の人々が受ける諸々の差別がある。労働の側面に限ってみても、現地での鉱物資源や農産物の生産における超低賃金の過酷な労働が行われている一方、一部の周辺部の人々は移民労働者として中心部としての先進国に吸収される。そしてそこでもやはり、極めて低い賃金と劣悪な労働条件が待ち受けているのである。

以上のように、現代に顕著に見られる差別をざっと拾い上げただけでも、それは枚挙にいとまがない。しかもそれらは、広範囲の領域に及んでいる。そこでまず、それらの差別とそれから生じる不平等をきちんと把握し、その解消策を具体的に打ち出すために必要な分析の視点が求められる。そしてそれは、一つに限られるものではない。ここで、以下の四つの視点を示しておきたい。

第一に政治イデオロギー的視点。今日、世界の至るところで、アイデンティティや出身の観点による人種差別的な言動が激しさを増している。それを扇動しているのは、よく知られているように右派や極右派のナショナリストであり、いわゆるポピュリストである。人種差別は、こうした過激なナショナリズムに基づいている。我々はまず、この点に留意しながら、そのような動きを阻止する必要がある。さもなければ、それこそ人種間の戦争が一国内と共に各国間で生じかねない。人種差別の問題は、まぎれもなく政治的対立の問題を含み込む。

第二に、歴史・文化的視点。人種差別にしてもまたその他の差別にしても、それらは今日突如として現れたものでは決してない。差別はいずれも歴史的かつ文化的に規定されたものである。人種差別について言えば、それはそもそもヨーロッパやその他の列強による奴隷制と植民地主義に由来する。米国の黒人差別問題はその典型であろう。しかもそれは、一つの文化として定着してしまった。だからこそ反人種差別運動は、そうした文化を取り壊す（キャンセルカルチャー）ことに向かったのである。また女性差別にしても、それはやはり歴史的に父権制が確立される中で定まってきた。それ以来、この差別は延々と続いている。これらの差別を解消する方向を探るうえで、差別の歴史的・文化的な把握が必要不可欠である。

第三に、社会・経済的視点。諸々の差別の問題は他方で、政治や歴史・文化の観点からのみで説き明かすわけにはいかない。冒頭で述べたように、それらの差別が即、社会・経済的不平等に反映されるからである。差別は明らかに社会・経済的事象となって現れる。だからこそピケティが本書で強調するように、差別問題はあくまでも社会・経済的問題の一般的枠組の中で捉えられねばならない。例えば雇用や教育の面に見られる差別による不平等は、そうした社会・経済的分析の必要性を強く意識させる。それゆえ、差別と対決するための具体的な政策も、社会・経済政策として示されねばならない。しかもそれは、目に見える形としての客観的かつ統計的な事実に基づくことが求められる。しかし今日、そうした作業は十分に進んでいるとは言えない。

そして第四に、グローバルな視点。現代の差別問題は、もはや一国レベルで捉えることはとうていできない。社会と経済がますますグローバル化する中で、差別に伴う不平等の問題は、国際的に分析される必要がある。労働の面に注目すれば、多国籍企業を軸としたグローバル国際分業体制が確固なものとして構築されている。その中で、国際移動する労働者が極度に劣悪な労働条件を強いられる。

あるいはまた社会の面に目を向ければ、発展途上国の医療や教育の体制は、先進国のそれに比べて極めて低い質のものである。これらを是正するためにも、グローバルな視点に立った国際的協調に基づく政策が打ち出されねばならない。

我々は、これらの多様な視点に立った分析による結果を総合的に把握することで、差別と不平等の問題をより掘り下げて論じながら、その解消に向けた糸口を見出せるのではないか。本書は、四つの独立した小冊子を訳したものであるが、各々は以上に示した分析視点のいずれかによりながら論じられると共に、それらの底流に差別と不平等に関する共通の問題意識が横たわっている。その意味で本書はアンソロジーの形を成している。

注

（1）Piketty, T., *Une brève histoire de l'égalité*, Seuil, 2021.
（2）*ibid.*, p.254.
（3）Couvelaire, L., "Le « sentiment de discrimination » en hausse", *Le Monde*, 7, juillet, 2022.

目次◎差別と資本主義

第一章

人種差別の測定と差別の解消

人種やジェンダーをめぐる差別・社会的不平等は、経済的不平等と深く結びついている。『21世紀の資本』で、資本主義が必然的に生み出す格差を精緻に分析したトマ・ピケティが、差別の問題に正面から切り込み、その測定について、および、経済・社会政策や教育を通じた差別の解消・公正な社会構築に向けて語る、画期的な論考。

トマ・ピケティ

尾上修悟 訳

アイデンティティは至るところで注目されるのに正義はどこでも無視される

欧州では、米国やインドあるいはブラジルにおいてそうであるように、アイデンティティに関する政治的な議論がますます激しく戦わされている。論じる人たちの多くはヒステリー状態にある。また出身に関しても、かれらは妄想に取りつかれたように論じ合っている。フランスにおいては右派、ならびに極右派の扇動家が新たに登場し、かれらは移民に対する嫌悪感や、「移民の人たちがフランスの人口の過半数になる」恐れを日々人々の心に植え付ける。そうした扇動家は、フランスという国が過去何世紀にもわたって、大勢の人々の混ざり合いの中でつくられてきたことを忘れてしまっているのである。フランスの人口の中で、イスラム教の信者であると公言する人が、五〇年前には一％であったのに、今日では全体の七～八％に達している。(1) 確かにフランス人のすべてが、こうした事実を普通にあり得るものとして受け止めているわけではない。外国人嫌いになる状況は各々独特なものである。それでも、間違いなくそのような状況が時折はっきり現れた。一世紀前の両大戦間期に、ユダヤ人と東欧からの移民に対して人々は、嫌悪感を強く表さざるをえなかったのである。出身や文化、宗教あるいは服装の面での多様性を断固として拒否する人々は、まさにマイノリティの人々こそが特権から恩恵を受けると同時に、土着の人々の雇用や賃金を奪うことで非難されているのだから、そうした人々の受け入れを拒むのであると言い逃れる。しかし、このように拒む人々はその心の奥底に、国民国家と人々の出身は一様であるという幻想を抱いているにすぎない。これらが重なり合って、そのような人々にとって好ましくないと思われるグループを社会組織から排除して追放すべきとする感情が激しく沸き上がってくる。人々のこうした欲求は、真に社会を破壊させるものである。そしてこの点に対する不安が今日、かつてよりもいっそう高まっている。

現在の状況は、過去の経験と比べて見て特異なものであると言ってよい。イスラム教徒の異教徒に対して行う聖戦《ジハード》によるテロリズムに対し、恐れを抱くのは当たり前とする考えがある。外国人嫌いという害悪の種をふりまく人々は、この考えに根ざしている。しかしそうした考えがまかり通ると、それは何百万人もの人に対して、わけもなくテロリストの烙印を押すことになる。二〇一五〜二〇一六年のテロ行為に対する、さらには二〇二〇年のサミュエル・パティの斬首事件[訳注1]に対する恐怖とトラウマが人々を襲ったことは確かである。それゆえ、それらの事件の真相を明らかにしようとするのは当然であるし、またその犯人を特定しようとするのも理解できる。なかには、人々の心を最も傷つける破廉恥な政策を行った政治的責任者もいる。かれらは、テロリストのイデオロギー的な共犯者の疑いをかけるという迷案を思いついた。これにより、差別の諸問題あるいは植民地の歴史に関心を持つ研究者は誰でも疑われたのである。ましてや、イスラム法に適った肉を買うか、もしくは砂浜で一枚革のゲートル（すね当て）を着用する、あるいはまた通りや学校帰りにスカーフを巻くイスラム教信者は誰でもいっそう疑われた。これらの卑劣な疑いは、現実の状況を完全に度外視している。テロリストは極めてわずかなはずである。それなのに、かれらと闘うためのシステムが、司法、警察、さらには情報に関して集合的につくられる。こうした状況の下で、そのような疑いがかけられるのである。このように、一般の人々にまで疑いをかけることになれば、人々の考えは硬直し、他人の言うことに耳を貸さないような対話が行われるに違いない。確かに聖戦によるテロリズムは、ナイジェリア、サヘル[訳注2]、イラク、ならびにフィリピンなどで猛威を振るっている。では、だからといってフランスないしは米国の知識人、あるいは普通のイスラム教徒をテロ行為が起こるごとに疑うのであろうか。そうした人たちはたびたび、テロ行為の代償を最初に払う人と化してしまう。このようなことは全くばかげているし、また危険でさえある。社会科学の研究者はまさしく、前代未聞の複雑な社会史のプロセスを把握しようとして英知を結集させている。それにもかかわらず、近視眼的な責任転嫁論がまかり通っているのである。

　インドでは、マイノリティのイスラム教徒と、かれらを守ろうとする知識人（かれらは、外国人嫌いの害悪を吹聴することで「反愛国奴」とみなされる）が度を越して非難された。このような非難が、インド人民党のヒンドゥー教のナショナリストによって何年もの間なされてきた。それは、権力に上りつめ、次いで権力を維持するためである。そして、このことは当然の結果として、暴動、大虐殺、ならびに国籍の剥奪を導いた。欧州でも、反移民と反イスラム教を謳う右派が、このような戦術を再び徹底して用いるに違いない。現在のフランス政府は、中道派と言われる。ところが、かれらはこの数年間に「大学におけるイスラム派の堕落した左翼主義者」という、吐き気を催すような言葉を発してきた。かれらによって、この大げさな表現は残念ながら、ごくありふれたものとされた。このような言葉は、忌み嫌うべき行政用語であり、それはもともと極右派の人々から生まれたものである。しかしその後、こうした言葉は、中道左派に賛同する有権者とその中から選出された議員らによる政権の下でも表されるようになった。こうして中道左派は、右傾化の進展を大いに勢いづけた。ところがかれらは今日、外国人嫌いの害悪を取り除くための解毒剤を欲している。かれらはまさに、火災を自ら起こした消防士のようである。

しかし幸いなことに、このように右派が感情をむき出しにする中で、またそうした反世間的な行為が横行する中で、自分の居場所を見出せない市民が大勢いることも事実である。かれらは、数多くの政党や選挙の立候補者の間に広く存在している。またかれらは、すべての政治的立場にある。さらにかれらは、棄権という行為によってしばしば逃避することもできる。そしてかれらは何よりも、アイデンティティにこだわることが実際に何もよい結果を生み出さないことに、またそのことが、投げかけられている社会的かつ経済的な問題の解消に何もつながらないことに、よく気づいている。なぜなら、アイデンティティに対するそうした姿勢が、政治的議論に関する極端な右傾化を引き起こして最も悪い影響を及ぼすからである。ところがアイデンティティについては誰でも語るのに、経済・社会政策と反差別政策については誰も語らない。しかし、それらの政策によってこそ、人々は共に生きていくことができるのである。同時に、それらの問題は新しくかつまた公に開かれたものなので、そのような政策に関する議論を掘り下げながら冷静に行うことが求められる。出身と結びついた諸々の不公正が、教育、雇用、住宅、安全保障、尊厳、あるいは自尊心に対する権利や地位に関することであれ、言語道断なものとして糾弾されることはこれまで全然なかった。では、正義や権利の平等、人種差別の測定、ならびに差別に対する闘いについてはどうであろうか。実はこれらについてもほとんど語られることはなかった。本書の対象とする読者は、こうした状況に満足していないすべての市民である。

差別に対決するための普遍的モデル

直ちに次のように言えよう。いかなる国も、またいかなる社会も、人種差別と諸々の差別に対決できる完璧なモデルをつくり出してこなかったと。さらに、誰もこの問題に関して、隣国もしくはその他の世界に教訓を与えられるような状況にはない。現行の国民的モデルを存続させればそれで十分であるとする考え、あるいは逆に他の国に適用されたモデルを導入すればそれで十分であるとする考えがある。しかし、それらの考えはいずれも誤りであると同時に幻想である。これらの複雑な問題に対して謙虚であり続ける必要があるし、また、各々の経験から引き出されるさまざまな教訓を辛抱強く調べなければならない。実際に議論の真の争点は、差別と闘うために、フランスと欧州が新しいモデルをつくり出せるかどうか、さらには超国家的で普遍的な新しいモデルをつくり出せるかどうかという点にある。社会・経済政策は、人々に対して平等で普遍的なものになることを目指さなければならない。このモデルのねらいは、反差別政策をそうした社会・経済政策のより一般的な枠組に組み込むことにある。このモデルは同時に、人種差別といろいろな差別の現実を認めたうえで、それらを測定しながら差別の是正手段を提供するものである。しかし、それはアイデンティティを固定するものではない。アイデンティティは、再定義や再編を永続的に行いながら、つねに複数の、かつまた多数のものとなる。

第一に、権利や機会を、実際に出身と切り離して均等に与えるためには、一般的な社会的平等を促進することから始めなければならない。この点は、教育、保健、住宅、ならびに公共サービスなどへのアクセス、所得や資産の格差の縮小、あるいはさらに、市民生活と社会・経済生活に対する異なる形での参加の拡大などに関しても同様である。言い換えるならば、民族・人種かつまた国家に基づく多数の出身と結びついた不平等を減らすために、社会階層間の不平等問題に対して全体的に取り組むことが必要不可欠となる。特定の出身と結びついた差別の存在を考えれば、社会的不平等の削減に関する諸々の一般的な政策で済ますわけにはいかない。それらの政策は当然、固有の反差別政策で埋め合わされることによって完全なものとなる。しかしながらこの固有の政策は、社会的かつ経済的な公正のための、より広範な闘いに組み込まれねばならない。しかも銘記すべきは、それにはいろいろな理由があるという点であろう。まず、移民の出身者あるいは差別されているさまざまなグループの出身者は、一般に庶民階級の中で突出している。この点はとくに、労働者や従業員の間で見られる。その結果かれらは、社会的不平等の一般的な削減や、より不利な地位の改善をねらいとする全般的な政策から最も恩恵を授かる。非常に多くの場合、これらの政策によって、主として日常生活や生きていくための物質的な条件を具体的に改善できる。同様に人種差別と外国人嫌いに関して、純粋に「文化的」な見方から脱け出ることが大事である。さらに外国人嫌いを示した歴史上の多数の建造物、演説、ならびに表現は、実はつねに特定の社会・経済的な状況に組み込まれたものであることも最初から強調しておかねばならない。しかもそうした社会・経済的状況の特徴は、社会的グループ（現実のもしくは想像上の）の間の特別な競合関係として表される。この競合関係は、雇用や賃金、地位や優位性、さらには互いの識別や尊厳などに関する権利の取得をめぐるものである。人種差別は、全体的な社会的事実として現れる。それは、経済的不公正を大きくすると同時に、そうした不公正を躍起になって認めようとすることである。このようなことを決して定着させてはならないし、また、そのことを本質的なものとしては絶対にならない。社会・経済的公正という観点から全体的にアプローチすることは、富やステータスの格差を一般的に縮小させることに基づいている。こうしたアプローチをとることなしに、真に人種的公正を実現させることはできない。この点は、庶民階級の間の分裂を深めるリスクがあればあるほどそうである。ここで次のことを明言しよう。世界の多くのところで、この数十年間にアイデンティティの後退という現象が見られたと。経済システムを、平等で人種や民族を越えた普遍的な基盤の下に転換させねばならないとする熱い思いは完全に消え去ってしまった。そうした現象は、大いにこの結果によるものであった。それにより、社会階層間の闘争が激化したのである。

人種のカテゴリーは、一般的な社会階層間の不平等を表すと共に、それを正しいとみなしていく過程と密接に結びついている。このようにしてそのカテゴリーは、歴史的に非常に発展してきたと言わねばならない。アンシャン・レジーム[訳注3]（旧体制）下のフランスにおける貴族や第三身分（平民階級）に帰属するフランク民族出身者とガリア民族出身者との関係、中世から現代に至るまでのブリテン島におけるアングロ＝ノルマンの領主とアイルランド人の農民との関係、あるいはさらに、スペインのレコンキスタ[訳注4]の期間におけるカトリック教徒、ユダヤ教徒、ならびにイスラム教徒の間の関係であれ、それらの関係が問題とされるところでは、人種、ならびに人種的もしくは社会・人種的なカテゴリーに関する用語が非常に早くから用いられてきた。それは、社会的グループ間の力関係を柔軟な仕方で表現し、かつまたその関係を構造的なものとするためであった。他方で、アメリカ先住民（インディアン）との遭遇、ならびに大西洋奴隷貿易や近代植民地帝国という枠組の中で発達した新しいカテゴリーは、確かに明白な二極化の形〔訳注5〕（白人／黒人、ヨーロッパ人／非ヨーロッパ人）をとった。このことは必然的に、奴隷制的かつまた植民地的な秩序を正しいとみなすことと結びついていた。そしてこれらのカテゴリーに、ある意味で我々は依然として依存している。しかし、それらのカテゴリーは複雑さと柔軟さをあわせ持っている。それゆえそれらは、より広い社会・人種的なパースペクティブの中に新たに位置づけることで初めて理解することができる(2)。言い換えれば、そうした諸々の人種的カテゴリーは、つねに社会・人種的なカテゴリーであることを示している。そしてそれらのカテゴリーは、互いに帰属する家系と集団の性格に根ざしてつくられる。それは、社会的グループ間の関係や一般的な社会的不平等を構造的なものとするためである。かくして、そうした諸カテゴリーについて考えることの目的は、それらから生じる問題をよりよく克服することにあると言わねばならない。

「積極的格差是正措置」の偽善

差別に対する闘いは、社会的かつ経済的な平等のための、より一般的な闘争に組み込まれねばならない。そうであるはずなのに、反差別的な表現はしばしば、平等化のためのあらゆる野心的な政策を見捨てるような仕方でなされてきた。しかもこの点は隠されてきたのである。教育を例にとってみよう。この領域では他の多くの領域と同様に、すべての人に開かれた、高い質を持った共通の公共サービスがとりわけ必要とされる。そしてそれらのサービスは、諸権利の平等と、人々が互いに用いる手段の完全な透明性に基づいている。ところが教育の世界は、唖然とするほどの偽善に満ちあふれているのである。数多くの国で政府は、「それほど豊かでない人々に対していっそうのサービスを提供する」と言い張る。教育に関しては、最も恵まれない学校や教育施設に対して補足的な資金を割り当てるための対策を設ける（この対策はしばしば「積極的格差是正措置」と呼ばれ、それは社会的かつ地域的な判断基準の下で実行される）。かれらはこう主張する。ところが、そのようなことが実際に行われているかどうかを確かめようとして数値を集めてみると、実は多くの場合、全く逆になっていることが明らかにされる。問題は、この点にこそあると言ってよい。

例えば、パリ地域圏の中等学校を調べてみると、契約教員（正教員に比べて組織を持っていないし、報酬もより少ない）もしくは新人教員の割合は、最も上流の人々が居住する地区（パリ、オー＝ド＝セーヌ）では一〇％足らずである。これに対して、最も恵まれない人々の居住する地区（セーヌ＝サン＝ドニやヴァル＝ド＝マルヌ）では、その割合は実に五〇％にも達していることがわかる。アスマ・ベンアンダが、文部省の給与支払いのファイルを使って行った最近の調査によれば、格差是正のシステムがどれほど逆方向に向かっているかを知ることができる。国民的規模でのさまざまな小学校、中等学校、ならびに高等学校における教員の平均賃金は、優先的区域に適用されるわずかな特別手当だけでなく、その他のすべての報酬の要素（勤続年数、免許、正教員もしくは契約教員のステータスと結びついたもの）を考慮したものである。これを調べてみると、教員の平均報酬は、恵まれた社会階層出身の生徒（教育施設に登録された）の割合が高くなればなるほど上昇することが確かめられる。

中等学校における教員の平均報酬（すべての特別手当を含む）は、社会的に恵まれている生徒の割合が最も低い学校（全体の一〇％に相当）で月に二四〇〇ユーロ以下である。そしてこの報酬は、そうした割合の高まりに応じて順次引き上げられる。上流の社会階層出身の生徒の割合が最も高い学校（全体の一〇％に相当）で、それは月に二八〇〇ユーロに達する。高等学校について見ると、教員の平均報酬は、恵まれない社会階層出身の生徒の割合が最も高い学校（全体の一〇％に相当）での月額二七〇〇ユーロから、恵まれた社会階層出身の生徒の割合が最も高い学校（全体の一〇％に相当）での月額約三二〇〇ユーロまでにわたる。(3)こうした現象を、経済協力開発機構（ＯＥＣＤ）の大部分の国で見ることができる。実際に恵まれた社会階層出身の生徒は、正教員で経験豊富な教員にめぐり会う機会を、恵まれない社会階層出身の生徒よりもいっそう多く得ることができる。一方、後者の生徒が出会う教員には代理教員か契約教員がより多く含まれているのである。では、こうした格差を是正するために用意されたわずかな特別手当は、このシステムそのものが抱えている不平等を補うのに十分かといえば、一般的にそうではない。(4)

ここで第一に考えるべき問題は、このような積極的格差是正措置に期待することではなく、人種、民族、性別などの理由で差別されるのをたんに回避することである。事実、小学校や中等学校においては、より恵まれた生徒に対して他の生徒よりもいっそう多くの公的資金が割り当てられていることがわかる。(5)特別手当の額や割当の規則、さらには教員の報酬を調整することはそれほど難しいことではない。この点は、無条件でそうである。しかもそれは、教員の平均賃金がいかなる場合でも、教育施設における社会的に恵まれた生徒の割合に応じて高くなることが決してないことを保障するためである。このことは少なくとも、教育システム全体のレベルでなされなければならない。最も恵まれない階層の生徒と、最も恵まれた階層の生徒は、共に最低限同じ質（経験やステータス）を持った教員から教育を受けられねばならないし、またそのことが保障されねばならない。このようなことから始めれば、庶民階級の子供たちが得るチャンスはいっそう大きくなるに違いない。しかもこの点は、生徒の家族がフランス出身か外国出身かを問うことなく達成されねばならない。こうした平等がいったん達成されれば、そのときに初めて積極的格差是正措置が実際に設けられたとみなすことができる。

教育と地域の平等——この平等はつねに声高に叫ばれるが、実現されたことは決してない

以上と同じような状況は、高等教育においても見られる。しかもそれは、さらに誇張された形で現れる。フランスにおける現行のシステムは、とりわけ偽善的である。なぜなら、「共和制」の下で平等が保障されているにもかかわらず、選別された教育課程（グランドゼコール準備学級やグランドゼコール）[訳注6]に進んだ学生一人当たりに対して投入される公的資金は、普通法に基づく大学の教育課程に進学した学生一人当たりに対して投入されるそれよりも、三倍から四倍ほど多いからである。実際に最も多くの資金が提供される教育課程に属す学生に対して、年に一万二〇〇〇ユーロから一万五〇〇〇ユーロの資金が使われる。一方、それほど多くの資金が得られない大学の学生（学士の教育課程に属す）に提供される資金は、四〇〇〇ユーロ以下でしかない。ところが、前者の学生は平均して、後者の学生よりもはるかに恵まれた社会階層の出身である。この点はとくに、最も研究が行われているグランドゼコールに関して見ることができる。[6] こうして公的資金は、当初の不平等をむしろ強めるた

めに使われる。このことがはっきり認められるのである。

最終的に、幼稚園から高等教育機関までのすべての教育施設に対する公共支出を考慮すると、そこには、同年齢の生徒のクラスの中で、かなり大きな不平等のあることが確かめられる。最も少ない教育資金を提供される生徒（全体の一〇％に相当）は、各々約六万五〇〇〇ユーロから七万ユーロを得るのに対して、最も多くの教育資金を提供される生徒（全体の一〇％に相当）は、各々二〇万ユーロから三〇万ユーロも得る。このような、少数者が利益を多く得るような教育資金の集中は確かに、二〇世紀初めのフランス本国で見られたほど極端ではない。あるいはまた、そうした集中は、一九五〇年代から一九六〇年代までの植民地社会においていっそうひどいものであった。とはいえ、このような集中は依然としてかなり大きなものである。それは、機会均等に関する現代の議論に合致するどころではない(7)。

ここで最もふさわしい政策は、再び平等の原則にしたがうことから始められねばならない。不遇な立場にある大学の教育課程に在籍する学生と、選別制の大学の教育課程に在籍する学生の、双方に対する一人当たり教育投資額を同じものにしようではないか。そうすれば、すべての地域における低所得層出身の若者に対し、開かれた教育機会を大きく増すことができるに違いない。こうした政策は、二〇〇八年から二〇二二年の間にフランスで学生一人当たりに対する公共支出が一四％も下落した（二〇一七年と二〇二二年の間にマイナス七％）だけに、いっそう正しいとみなされるであろう。実際に、そうした公共支出の減少によって犠牲となったのは、所得がいっそう低い人たちである(8)。そこで、教育課程に対する公的資金の投入が各課程間で等しくなったとすれば、親の所得に応じて、あるいは出身地域に応じて最も名声のある教育課程に対し優先的にアクセスできるようなメカニズムを思い浮かべることができるであろう。実際にそうした教育投資の平等化は、この数年間に一定の教育施設に対して、あるいはポストバック（バカロレア後入学、次いでパルクールシュプ）[訳注7]の割当に用いられるアルゴリズムに対して適用され始めた――ただし、このことは残念ながら極めて不透明な仕方で行われた。しかし、もしもこのような、いわゆる「積極的格差是正措置」による象徴的な対策に満足してしまえばどうであろうか。この措置は確かに、一握りの低所得層出身の若者がエリート主義の教育課程にアクセスできるようにするものである。ところがそれは、教育課程間の公的資金の投入に関するシステム自体の巨大な不平等を終わりにするものではない。そうした措置は言ってみれば、木製の義足を着けた人に松葉杖を与えるようなものである。このことはまた、小学校の教育を担当する教員に対してわずかな特別手当が与えられることに等しい。

これらの例は、さらにたくさん見ることができる。地方の公共サービスに対する公的資金の投入について考えてみよう。そうしたサービスは、学校の課外活動や文化活動、インフラストラクチャーや都市の整備、ならびに公営住宅などに関するものである。実際にさまざまな最小行政区に対し、極めて不平等な財政資金が投入されている。こうしたシステムの話から始めてみよう。住民一人当たりの財政基盤の格差は、最も貧困な行政区と最も富裕な行政区の間で五倍である。あるいはさらに、この両極端の行政区を十分位でなく百分位で見ると、その差は実に一〇倍にも達する。このシステムは、それほどの格差を含んでいるのである。そこで次に、これらの格差をわずかでも小さくするような財政プログラムの改善策を設けてみるとどうであろうか。このことによって、より恵まれた社会階層の人々はまさしく、寛大さを表したと声高に自賛するに違いない。ところが、そのプロセスが終わりを告げるにしたがってかれらは、今度は社会的かつ経済的な不平等の状況がほとんど改善されていないことに驚くふりをする。ここでもまた、「積極的格差是正措置」という大げさな表現が、諸々の対策(「思いやりのある大都会」とか「優先されるべき地区」などと呼ばれる)に対して用いられる。ところがそれはたいていの場合、平等の原則を踏みにじっていることを隠すのに一役買っているのである。では、地域間のシステム自体が抱える根本的な不平等問題を、より熱い思いによって解消できないかといえば決してそうではない。それはまさに、地方自治体の行政の分権化と民主化を保ちながら行えるのである(9)。

真の経済・社会政策は、権利の平等に基づいている。そしてこの政策の柱には、公共サービスに対する公的資金の投入以外にさらに多くのものがある。それらは、労働の権利やそれを適用するためのコントロールなどである。そこでもしも労働の監督庁が、十分な資金あるいは不足することがまずないほどの金融手段を使えるならばどうであろうか。そうであれば、労働組合の権利や集団的慣習の適用、労働の諸条件、あらゆる類いの専門職上の差別、申告されない労働、給与表、身分証明書のない労働者が受ける権力の濫用、ならびに雇用不安の状態に置かれたすべての労働者などをよりよくコントロールすることができるはずである。またその際に重要となる対策は、社会階層間の一般的な不平等、ならびに、とくに出身と結びついた不平等を同時に減少できるような普遍的なタイプのものであろう。賃金労働者の権利やかれらの支配力を拡大することは、例えば企業の取締役会におけるかれらの議席数を増やすことなどによって果たされる。そしてこのことは、ドイツや北欧などで何十年間にもわたって設けられてきたシステムをさらに深めることによって達成されよう。このように賃金労働者の力を強めるための対策は、人々の間の不平等を減少させる考え方に同じく基づいている。さらに、所得や資産の格差を縮小し、社会の中で経済力をよりよく割り当てられるような、あらゆる対策を示すこともできる。それらは基本所得の引き上げ、雇用の保障、あるいは相続資産の再分配などの対策である。(10)

人種差別の客観的把握と差別の毎年の調査

教育、公共サービス、あるいは労働の権利に対する平等は必要不可欠である。ところが、この平等は残念ながら十分に満たされていない。ある特定の出身者が、特別な差別の対象になる。こうした状況の下で各人は、就職の面接の機会もしくは昇進する機会を同じように持つことができない。この点は、仮にかれらが同じ資格あるいは同じ職業的経験を持っていても同様である。数多くの調査は、この一〇年間にフランスで実際に見られた差別の大きさを明らかにしている。

例えば、二〇一四年に行われた調査は大きな反響を呼んだ。そこではパリ第一大学とパリ経済学校の研究者が、六二三〇件ほどの求人に対し、雇用者に偽りの履歴書を作成した。それは、履歴書における名前と特性を無作為に変えるものであった。これによってかれらは、就職の面接を求める書式に対する雇用者の回答の割合を測定した。その結果は、落胆させるものであった。名前の発音からアラブ=イスラム教徒であることがわかり、そのうえ志願者が男性であると、直ちにそうした回答の割合は大きく下落した。すなわち送られた履歴書に関して、ここで問題とされるアラブ＝イスラム教徒で男性の若者のうち、就職の面接の回答を得たのは全体の五％以下にすぎない。これに対して、その他の若者の約二〇％は就職の面接の回答を得ることができた。[11] さらにもっとひどいことがある。それは、アラブ＝イスラム教徒出身の若い男性が最良の教育課程を受けていても、あるいはまたできる限りの最良の研修などを行っていても、それらの実績は同じタイプの就職に関して、かれらに対する面接の回答率には何の効果も発揮しなかったことである。言い換えれば、成功を収めるための公式の条件をすべて満たすことができた若者、すなわちすべての規準（ただし、かれらが変えることのできない条件や規準は除かれる）をクリアすることができた若者に対して、差別はむしろいっそう強く現れたのである。このような調査が新鮮味を与える点は第一に、それが何千もの雇用のオファーに基づいて行われている点にある。その代表的なオファーは、中小企業による求人（例えば会計に関する雇用）である。このことは疑いなく、どうしてそうした新しい調査の結果が、過去の調査による結果よりもいっそうネガティブであるか――また残念ながら、より確かなものとなっているか――を明らかにしている。というのも、過去の調査結果は、少数の非常に大きな企業が自発的に協力したことによるものであったからである。この新しい調査は同時に、イスラム教に対する敵意がまさに問題であることを示唆している。例えば、履歴書でイスラム教のボーイスカウトに参加したことに言及すれば、就職の面接の回答率は急落する。これに反して、キリスト教のカトリックやプロテスタントのボーイスカウトの経験は、その回答率を引き上げる。また、同じレバノンの出身者に対しても、「モハメッド」という名は面接の資格を失うのに、「ミシェル」という名はその資格を得られることが確認できる。

ユダヤ教徒の名前も同様に差別される。しかしその名前は明らかに、イスラム教徒の名前ほど多くない。

二〇二一年に行われたもう一つの調査がある。それは、公共政策研究所と研究・調査・統計指導局（労働省）の研究者によるものである。この調査によっても、やはり同様の結論が得られる。かれらは、一一の異なる職業のカテゴリーについて公表された二四〇〇の雇用のオファーに対し、九六〇〇の志願例を送った。そこでは、想定される出身に応じて行われる雇用の差別を測定するために、名字と名前が無作為に変えられた。それによってかれらは、マグレブ[訳注8]の出身を想定させる名字や名前を持つ人が募集者と連絡をとれる割合は、フランス出身の名字や名前を持つ人がそれを行える割合よりも三〇％から四〇％ほど低いことを確認した[12]。この二〇二一年の調査は、先の二〇一四年の調査と比べれば、宗教と結びついた差別を直接に測定しようとするものではない。その代わりに前者は、雇用と資格のより広範で多様な領域を調査している。これによって例えば、差別はすべての雇用のレベルで強い一方、それはさらに、それほど高い能力を必要としない職業に関していっそうはっきり現れることが確かめられる。

これらの調査は、大規模に差別が行われていることを明らかにするうえで極めて大きな利点を持っている。ただし、それらは議論しづらい方法に基づいて行われたものでもある。問題となる点は、実際に行われたさまざまなアンケートの用いるテスト鑑定の書式が、正確に同じではないという点にある（テストされる雇用のカテゴリーが同じでないし、履歴書で用いられるバリエーションも調査によって異なるなど）。その結果、それらの調査により歴史的な比較を正しく行うことができない。ここで例えば、北アフリカ出身の名字を持つ人々に対する差別は二〇一四年に非常に強く現れ、この点は二〇二一年でも同様であることがわかる。ところが、これらの二つの調査の間で方法が異なる点を踏まえると、そうした差別が二つの時期の間で実際に強まったのか、あるいは弱まったのかを語ることはできない。そこで、仮に過去一〇年間にフランスで差別が強まったかどうかを述べられないとすれば、これまでになされた活動の評価や新しい政策の設定をどれほど期待できるであろうか。

差別に関する国民的監視機関の設置

我々は、差別に関する真の国民的監視機関をつねに欠いている。問題となるのはこの点である。そうした機関の責務は、事実を客観的に把握すると同時に、それを毎年追跡調査することにある。権利の擁護機関は、差別に対決して平等を達成するために闘う高等機関に代わって二〇一一年に設置された。それは確かに、その報告書の中で雇用もしくは住宅に関して差別が大きいことを警告している。かれらはそこで、とりわけ研究者の調査を利用する。(13) この独立した機関は二〇〇八年の憲法改正以来、憲法（第七一条）でその権利が認められている。ところが残念なことにかれらは、固有のアンケートを組織したり、また諸々の事実を毎年システマティックに調査したりすることができるような物質的かつ人的な手段を自由に使うことができない。(14)

差別の国民的監視機関は、権利の擁護機関の管轄に入る。その第一の任務は、人々の想定される出身（とくに名字、名前、ならびに履歴書に記入された特性などに応じたもの）にしたがって就職の面接が行える割合がどの程度変化するかを、システマティックな方法で、かつまた毎年分析することである。その際に問題となるのは、調査における質問の重要性である。それは、明確に規定されると共に、厳密に答えられるかどうかが問われる。しかもそうした調査は、時を経ても十分に同じ質を保ったテスト鑑定により行われねばならない。それはまた、十分に大きなサンプルに基づきながら行われる必要がある。これらの調査は同様に、千差万別の雇用者の間で差別がどの程度集中しているかを語ることもできる。人的資源に関して、企業とその責任者のすべてが必ずしも同一の行動をとるわけではない。そのうえで、そうした行動を認識してそれを客観的に測定することが重要になる。この作業は可能である。しかし、与えられる指標が年ベースで統計的に信用できることを保証するだけでも大変な仕事である。しかも、それにぴったり合った手段も必要とされる。そこで、そうした監視機関に対していっそう複雑でさまざまな任務を課す以前に、以上の第一の任務を果たしたうえで、さらに基本的な諸問題にも応じられることが保証されねばならない。

この当初の任務以外の仕事として、テスト鑑定に関する毎年の作業が決められる。一つのとりわけ深刻な問題は、顔つきに対する警察官の検査に関するものである。この検査を厳密に測定することはそれほど簡単ではない。二〇一二年に、刑罰の法と機関に関する研究に特化した国立科学研究センターのチームは、厳格な実施要領をつくり出した。それは、北駅やシャトレ＝レ・アール駅に一日に出入りする三万五〇〇〇人ほどの人々を、五つのカテゴリー（白人、アラブ人、黒人、インド＝パキスタン人、アジア人）から成る民族・人種の区分により調査し分類できるようにするものである。それによって、かれらに対して行われた警察官による五二〇の検査を突き止め、それらを規定することができる。すべての割り出しは、諸々のアクター（駅の利用者や警察官）には知らせずに、かつまた完全に匿名で行われた。その結果、顔つきに対する検査が大々的に行われていることが明らかにされた。それは例えば、「黒人」や「アラブ人」に対する検査が、「白人」に対するそれよりも五倍から一〇倍ほど高い確率で行われたことに表されている。こうした差は、体に触れて判断するような警察官の行為に関していっそう大きくなる。[15] 残念ながらこのような調査が、以上に示した形の下で再び行われることはなかった。したがって、これらの差別的行為が二〇一二年以来増大したか、あるいは減少したかを知ることはできない。

こうしたテーマに関して差別の国民的監視機関は、他のテーマの場合と同様に実施要領をつくることに責務を負う。それは、毎年の信用できる透明性のある指標をつくり出すためであり、それによって同質の定期的なテスト鑑定が可能となる。このような指標なしに、警察官が行う手順の改革を進めること、ならびに変化が期待どおりに起こるかを推し測ることはできない。この監視機関は同じく、その他の課題も取り扱うことができる。人種差別のSOS連合は二〇二一年に、臨時雇いセクターに関する一〇のより大きなネットワークをめぐり、テスト鑑定のキャンペーンを広範に実行した。それによってかれらは、情報を提供する行政機関の四五％が、警察への密告者による公然とした差別的な指示（それは例えば、「欧州のプロフィール」を優先したり、またその他の「共同社会」を避けたりすることなどから成り、それらは文書でなく電話で知らされねばならない）にしたがうつもりであることを明らかにした。しかし、ここでもまたそうした調査が、以上のような形の下でそれ以前に実現されることは全くなかった。その結果、一〇年前にこの状況が最もひどかったか、あるいは最もよかったかを語ることはできない。とはいえ、「シネガリテ」[訳注9]の集団は二〇二一年に、フランス映画における表現、とくに出身、性別、ならびに年齢に関連した表現の観点から絶えず画期的な調査を生み出した。

私はここで、差別の国民的監視機関が責務を負う、テスト鑑定のキャンペーンやアンケートの完璧なリストを作成するつもりはない。この問題は、民主的に広くじっくりと考えられねばならない。とくに、選挙戦が決着されるときや、議会で討論が行われるときにそうである。この点は、結社活動や労働組合運動の中で、広範な集団的合意が必要とされるのと同様である。極めて当然ながら差別の国民的監視機関は、研究者や団体が専門的な仕事を続けることを妨げたりはしない。あるいはまた同機関により、二〇二一年にセーヌ＝サン＝ドニ地区の地方議会で設けられたような地方の監視機関の発展が妨げられることも全然ない。研究者の調査や民間もしくは地方の自主的行動と比べ、国民的監視機関の果たすべき第一の機能は、国民的規模で差別を客観的に表し、かつまた差別が増大しているか減少しているかを、そしてそのことはいかなる状況の下で起こっているかを公式に述べることである。この点は間違いない。

こうした観点から監視機関は、差別の対象の要因となるような、出身や文化的・宗教的な特性のすべてを取り扱う必要がある。それらは、反アラブあるいは反アフリカの人種差別、イスラム嫌い、反ユダヤ主義などに関連する。研究者の調査が示したように、無作為の仕方で履歴書をつくり変えることによって、人々の異なる特性が、就職の面接を行える割合に対して及ぼす影響を比較することができる。通りがかりに気づくことは、一定の人たちが、「イスラム嫌い」という言葉を使わずに、むしろ「反イスラム人種主義」あるいは「反イスラム主義」という言葉を好んで用いている点であろう。

言葉に関する議論が行われることは大切である。しかしこの種の議論は、言葉の奥底に潜むものについてまで進められねばならない。同様に監視機関が、「反白人の人種差別」の大きさを測定しようとする点も有益である。この人種差別は、他のものと比較するまでもなく非常にはっきりと現れている。そうした人種差別は確かに、特定の雇用もしくは地域において見られるような、ごくわずかで局地的なものである。したがって、それを統計的に暴くことはほとんどできない。それはともかく国民的監視機関は、社会で認められているさまざまな形の差別を客観的に、かつまた数量的に表すと同時にそれらを比較することによって、差別が現実に行われていることに対する明白な公式の指標を提供することになる(16)。この点は議論の余地がないほどに重要である。

アイデンティティを固定させることなく差別を解消

差別の国民的監視機関は同じく、企業内部で行われている差別（賃金、昇進、職業教育などに見られる）に関する毎年の調査を保証することになる。ここで、テスト鑑定という観点からのアプローチが持つ限界に触れておきたい。確かに、就職の面接のオファーに対する効果を測定するために、何千もの偽りの履歴書を送ることができる。しかし、これと同じ方法を実際の雇用もしくは昇進に対してまで適用することは難しい。誰が現実に雇われているかを調査するために、またキャリアや賃金、さらにはポストなどの変化を分析するために、無作為のテスト鑑定の方法を用いることはできない。そこで、職業上のキャリアに基づく実際の数値や、人口全体に基づく数値（国勢調査から生まれる数値のような）にできる限り頼る必要がある。そうした数値は、企業が、かれらに対する租税や社会的負担金を支払うために伝える賃金の網羅的な数値のようなものである。

このような任務を首尾よく果たすため、国勢調査（これは毎年人口の一四％を対象とする。したがって、平均で約七年ごとにすべてのフランス人が調査される）の年々のアンケートに、両親の出身国に関する質問を入れる必要がある。(17) こうした情報はすでに、フランス国立統計経済研究所によって組織された多数のアンケート、とくに、失業率を公式に測定するために用いられる雇用に関するアンケート、また「職業教育と職業上の資格」に関するアンケート、さらには国立人口統計学研究所と共同で組織された「経路と出身」に関するアンケートなどで得ることができる。そこで問題となる点は、これらのアンケートによって地域別、セクター別、ならびに企業別の分布をつくるためには、そうしたアンケートの定期性と規模が十分でないことである。この問題点は、国勢調査によって解消されるであろう。しかし、それらの指標なしに差別に対して効果的に闘うことは難しい。ここで示されるシステムは、完全に匿名で機能するように考えられている。この点をはっきりさせておこう。賃金労働者はそこで、国勢調査の定期的な報告書以外のいかなる調査に対しても、自らの立場を公表することがない。これらの定期的な報告書から生み出される情報は、企業による賃金の申告と自動的に結びついている。(18) それは地域別、セクター別、ならびに企業規模別の差別に関する指標をつくるために、権利の擁護機関によって非常に厳しく検査されている。例えばこれらの適切な指標によって、北アフリカもしくはサハラ以南のアフリカの出身者（かれらの両親の出身国という意味で）が、特定のいかなる地域におけるいかなる雇用のカテゴリーでとくに低い報酬を得ているか、あるいは昇進や職業教育の恩恵を受ける賃金労働者の中で、かれらがいかなるセクターと地域の企業において他の労働者より非常に少ないか、などを定めることができる。これらの指標は、差別の国民的監視機関によりつくられ、また公表されるであろう。そうした指標は非営利団体や労働組合と連結しながら、最も明白な差別が実際に行われていることを証明するために用いられる。また必要であれば、それはローカルなテスト鑑定を行うためにも使われる。このような措置は同時に、一定の出身者の地位が明らかに劣っている場合に、告訴あるいは制裁を可能とするであろう。

ここで、次のような事実を強調しておきたい。それは、国勢調査の定期的な報告書や賃金の申告から生み出される情報が、唯一地域とセクターのレベル（あるいは匿名を可能とするために十分に大きな企業のレベル）で指標をつくるために用いられ、したがってその情報は、いかなる仕方でも個人のレベルで用いられることはないという事実である。とくに雇用者が、かれらの賃金労働者に関する国勢調査の定期的な報告書で示された情報にアクセスすることは決してない。この点で国勢調査を利用することは、二〇一〇年にエラン報告[訳注10]で表されたものと比べ、著しく単純な仕組みにすることができる(19)。

しかし、このシステムにはさまざまな限界が見られる。とくに両親の出身国に関する情報の利用は、第二世代の人々（フランスで生まれたが両親は外国出身の人々）について差別の存在を突き止めることはできるものの、第三世代やそれに続く世代の人々に関してはそうすることができない。とはいえ、そのような情報の利用はとてつもなく大きな利点を持っている。それは、差別の国民的監視機関による手段を徹底することができる。これだけでも十分な利点を示している。さらにその利用は、地理上の、かつまたセクター上のレベルで反差別的行動を洗練された仕方で導くことができる。テスト鑑定の作業でこのことはできない。重要な点は、これらのすべてが比較的単純な仕方で行えることである。すなわちそれは、既存の機関の枠組を転換することなしに、またアイデンティティを固定させるリスクを犯すことなしに、さらには米国やイギリスで用いられたような、厳格な民族・人種のカテゴリーを導入することなしに行うことができる。この民族・人種のカテゴリーには後で述べるように、多くの難点がある。国勢調査の定期的な報告書で両親の出身国の記入を求めることは、純粋に事実のみに対する質問である。このことは、卒業資格のレベルあるいは従事している雇用先を問うことと比べ、個人の領域に著しく踏み込んだものではない。この点はとにかく、個人の情報がいかなる場合でも匿名のまま与えられる時点からそうである。したがってそれらの情報は、統計的な処理のためだけに用いられる。しかも、この両親の出身国を尋ねる質問は、すでに数多くのアンケートで行われている。それはまた、アイデンティティもしくは帰属するいかなる共同社会の申告と結びつくものではない。

両親の出身国に関する質問からさらに踏み込んだ問いを発するべきか

国勢調査の中で、両親の出身国に関する質問を導入し続けるべきか、あるいは、さらにもっと突っ込んだ質問を目指すべきか。この議論は簡単ではないが、当然なされねばならない。それによって確かに、民主的にじっくりと幅広く考えることができるようになる。個人的には、そうした質問の導入を続けることが好ましい。つまり、両親の出身国に由来した差別に反対する闘いに向かって進むときが来るまでは、そうした質問に対する回答を詳細に分析することから始めるのが、私には好ましいように思えるのである。真の課題は、統計数値を増やすことではない。それはむしろ、入手可能な指標を、真に反差別的な断固とした政策に、また真に透明性のある検証が行えるような政策に生かすことにある。この点は、国際的な経験からも一般的に理解できる。さらに、そのような政策にはすべてのアクター（労働組合と雇用者、政治的活動団体、ならびに市民の非営利団体）が関係しなければならない。それにもかかわらず、このことはこれまでただの一度も行われることがなかった。この点は、いかなる国民的モデルを考えてみてもそうであった。

第二世代の人々が受ける職業上の差別が、地域やセクターの規模で徹底的に分析されればどうであろうか。それはまた、ア・プリオリにその後の世代に対して生み出される差別に関する極めて優れた指標となるに違いない。具体的に、第三世代か第四世代のサハラ以南のアフリカ出身者に対する特別な差別が、もしも特定の地域やセクターで存在するならば、この差別はまた第二世代の（あるいは第一世代からの）移民に対しても確実に見ることができる。それゆえ原則的に両親の出身国を調べれば、少なくともそのことだけで、この種の差別を受ける家族を探し出すと共に、求められる行動を進めるには十分である。[20]この段階で優先して始めるべきことは、こうした情報を熱心な反差別政策を促すために使うこと、そしてこの監視システムでもって進められることを冷静に、かつ辛抱強く検討することであるように私には思える。

このように問題提起をしたうえでさらに、いくらか遠い将来の状況を思い浮かべることができる。

そこでは、もはや両親の出身国に関する情報だけでは不十分なことが明らかであろう。というのも、例えば特定の国出身の第二世代移民数は、その後の世代の実際の人数と比べてより少ないかわずかなものとなるからである。そこで、もしも情報に関して最もよい解決を望むならば、両親の出身国に対する質問からさらに踏み込んだ問いかけが必要となることは疑いない。それは次のような一般的な問い、すなわち「あなたの先祖の中で、この国とは異なる国の出身者がいることをあなたは知っていますか?」という問いである。この質問は、次のような地域に関する「イエスかノー」による一連の選択岐と結びつく。それらの地域は北アフリカ、サハラ以南のアフリカ、南アジア、中東、東アジア、ラテンアメリカ、北米、南欧、ならびに北欧である。こうしたアプローチの利点は、繰り返しになるが、事実に関する問いかけという姿勢を保っている点にある。それはまた、いかなるグループや共同社会に帰属するかという考えに訴えなくても済む。このように調査対象の人々の家族の出身に関する事実を明らかにするという方法はさらに、複数の混ざった出身を柔軟に、かつまた弾力的に申告できるようにする。そうした方法の利点はこの点にもある。

アングロ＝サクソン流の民族・人種に関する指示の諸問題

特定の国、とりわけ米国で用いられている民族・人種に関する指示の制度よりも望ましいシステムは、どのように描けるであろうか。この問いは複雑であるものの、それは議論を戦わせて深めるだけの価値がある。実際に、米国の国勢調査に適用された民族・人種に関する指示は、数多くの問題を投げかけているように私には思える。とくにそうした指示は、アイデンティティを少数のカテゴリーの中に閉じ込めてしまうと同時に、帰属先を厳格に規定することになる。ところがこのことは、差別を減少させるどころか、逆にそれを増大させる結果を生んでしまうのである。

米国において、国勢調査に用いられる民族・人種に関するカテゴリーのシステムは、白人／黒人の二つのカテゴリーから成る。そしてこのシステムは長い間、奴隷制度に支えられ、次いで米国南部に設けられた法制的な人種差別のシステムに支えられながら運用されてきた（それはまた、そのようなシステムに対する闘いのためではない）。一九六〇年代以降、そして公民権に関する法が制定されて以降、これらのカテゴリーは確かに、人種差別と諸々の差別を測定するために、またときどきはそれらと闘うために用いられてきた。しかし、人種の平等に関して米国が得た成果は、地球上のその他の世界における人々の希望を真に叶えるようなものではない。一方、歴史的には新たなカテゴリーが国勢調査に付け加えられた。そこでは、「白人」と「黒人／アフリカ系アメリカ人」という区分以外に、とくに「ヒスパニック／ラテンアメリカの人々」「アメリカ・インディアン」「アジア人」ならびに「ハワイ系先住民とその他の太平洋諸島の人々」というカテゴリーが設けられたのである。人々は同様に、複数の区分にチェックを付けられるし、またそれによって多数のアイデンティティを表すことができる。ところがこのことは、理論的には可能であるものの、それは依然としてやや内密に行われているままである。実際に二〇一九年に、人口のたった二・八％が複数の区分にチェックしたにすぎず、九七・二％の人々はやはり一つの区分にチェックしていることがわかる[21]。

しかし、反差別政策をきちんと定めるためには、これらのカテゴリーを拒否して米国のモデルを決まり切った形で批判するのみでは済まない。フランスで設けられた制度を何も変えずに、ただアングロ＝サクソンのシステムを公然と非難して満足するだけでは、差別と闘うことはとうていできない。それだから、建設的な解決の仕方とオルタナティブなモデルをつくり出すことが必要とされる。欧州では唯一イギリスが、米国タイプの民族・人種に関するカテゴリーを差別と闘うために導入した国である。(22) 一九九一年の国勢調査以来、各人は「白人」「黒人／カリブ人」「インド人／パキスタン人」などのいかなる民族・人種として認められるかを示すために、それらの区分にチェックするように促された。さらに各人は、数多くのアンケートあるいは警察官の検査に関する文書にも同じくチェックする。こうしたことのおかげで、一定の法の濫用や偏りに対して、とりわけ顔つきに対する検査に対して、一般の人々の注目をいっそう集めるのは疑いない。しかしたとえそうであったとしても、イギリスでの差別が他の欧州諸国と比べて著しく減少したとする調査はこれまでに全くない。とはいえ、隣国、とりわけフランスで、そのことに満足しながら手をこまねいているのは言語道断である。入手可能な調査にしたがえば、諸国間の完全な比較を正しく行うことは確かにできない。それでもあらゆる調査は、フランスでの差別が、少なくともイギリスでのそれと同じほどに強いことを明らかにしている。(23) アングロ＝サクソンの民族・人種に関するカテゴリーが、数多くの問題を投げかけることは疑いない。したがってそれが、奇跡的な解決をもたらすものでも全然ない。しかし無作為であることは、それ以上に何の解決も生み出さないのである。

他方で、モデルが一つしかないということは考えられない。同時にすべてのことが、移民とポスト植民地の状況に依存していることも考慮せざるをえない。ドイツとフランスにおける欧州以外の出身の人々は、その大多数がトルコとマグレブからやって来る。ところが実際には、地中海の長い沿岸の地域の人々を見ると、かれらの肉体的外見はそれほど違わない。そのバリエーションは、地理的に異なる出身者が永続的に混ざり合えば混ざり合うほど徐々に進んでいく。この点は、例えば米国の状況におけるものよりもはるかに強く現れる。フランスで異人種間の結婚の割合は、前世代が北アフリカ出身の人たちの間で三〇〜三五％に達している。つまり、この割合はポルトガル出身の人たちの場合と同じである。(24)こうした異人種間の結婚のレベルにしたがえば、人々の出身の混ざり合いが、何世代か後には明らかに大部分を占めることになる。このようにして異人種間の結婚の割合が三五％であるとすれば、祖父母の出身が北アフリカである人々の四分の三は、少なくともフランスかその他の欧州諸国の出身であるもう一組の祖父母を持つことになる。(25)ここで問題となる人々は、白人／黒人というタイプの二つから成る人種の分類で見分けることはほとんどできない。この点はまた、「アラブ人／マグレブ人」あるいは「アラブ人／ベルベル人」[訳注11]というタイプのカテゴリーを付け加えたとしても当てはまる。事実、フランス労働省の国立人口統計学研究所が二〇〇六年に行った調査によれば、北アフリカ出身者を家系に持つ人々は、こうしたタイプの民族・人種に関するカテゴリーで識別されねばならないことに対し、とくに気まずい思いをしていることがわかる（そうした人々の約三分の一は「困惑」しているか「非常に困惑している」）。(26)イギリスの国勢調査では、トルコ、エジプト、あるいはマグレブで生まれた人々の四分の一から半分は、「白人」（かれらは、「黒人／カリブ人」もしくは「インド人／パキスタン人」のカテゴリーよりも、このカテゴリーの中でよく見られる）として、その他の人は「アジア人」として、またそれ以外は「アラブ人」（この区分は二〇一一年に導入されたが、これに当てはまる人々がすべてこの区分を気に入っているわけではない。否、それどころかその反対である）として分類されることを選択している。こうした状況の中で、両親と先祖の出身国に関する事実を問い続けることは何を意味するか。それは、アイデンティティを定めるという危険な行為を、そうしたことを望んでいない人々に無理やり押しつけることよりもはっきりと好ましい。私にはそう思える。米国における歴史的遺産は、当然ながら非常に異なる。異人種間の結婚の割合は、欧州の場合よりもつねに著しく低い。それは確かに、そうした結婚が複数の州において、一九六七年まで法的に禁じられていたという歴史的状況の中で生じたものである。実際には今日、黒人として申告している人々のうち、約一五％が異人種間の結婚を行っている（一九六七年にその割合がたった二％であったのに対し）。異人種間の結婚の割合は、ラテン系の人やアジア出身のマイノリティに関しては二五％から三〇％に達している。この割合は、白人に関しては約一〇％である[27]。しかし、この数十年間に異人種間の結婚が大きく増加したことに気づく。米国の状況においても、アイデンティティと民族・人種的な帰属の分類によって人々を苦しませるのではなく、先祖の出身国に基づく分類を行うことでグループ間の対立を和らげると同時に、人々の出身の多様性と複層性をよく表すことができると考えられる。

多様性を測定するための柔軟でダイナミックなシステム

そこで欧州や米国のケースからさらに進んで考えてみると、そこにはまた、かなり大きなリスクがあることも確かめられる。それは、厳格な民族・人種のカテゴリーと結びついたものである。植民地帝国の状況に関する数多くの歴史研究は、次の点を明らかにした。それは、欧州の植民地支配者が現地の実際の社会に関する大ざっぱで歪んだ知識に基づきながら、かれらの国勢調査と行政のカテゴリーの中に導入した「民族」のカテゴリーは、アイデンティティや敵対関係を非常に長く定着させたという点である。しかも、そうした敵対関係は当初、はっきりと現れていたわけではなかった。同時にそれに関して、地域的に大規模なまとまった管理がなされることもなかった。ルワンダ、カタンガ（コンゴ）、コートジボワール、ならびにマリのケースは、とくに数多くの調査対象となっている。これらの調査により、厳格なカテゴリーの指示がもたらした被害の大きさを測定することができる。[28]

インドのケースはとくに興味深い。なぜならインドは独立後に、過去に現れた差別を是正するための、とくに「指定カースト」や「指定部族」[訳注12]、すなわち、伝統的なヒンドゥー社会で差別されてきた古くから存在するアンタッチャブル（不可触民）や原住民らの利益になるためのクォータ制度を設けた国であり、それゆえインドこそが反差別に関してははるか先に進んだ国であったからである。ただし、入手できるさまざまな情報を集めてみると、このようなインドの経験に対する総合的評価は額面どおりにはいかない。[29] インド人の中で下位のカーストに入る人たちが受ける極端な偏見がある。それは、古くから存在する不平等なシステム、ならびに一八七一年から一九三一年までに中央集権的に行われた国勢調査によりイギリスの植民地支配者が断行したカテゴリーの厳格化の結果である。そこで、そうした偏見を考慮すると確かに、下位のカーストのメンバーが選挙の機能、高等教育、さらには公的な雇用に対して、クォータ制度の導入なしで素早くアクセスすることはとうていできなかった。とはいえ、インドでは下位のカーストに入る人々を、他の人々と分離させるような諸々の不平等が依然として非常にはっきりと見られる。しかし、それらの不平等が一九五〇年以降に著しく減少したことも事実である。このことは、例えば米国の人種的不平等の減少よりもいっそう明白であった。他方でインドにおいても問題点がある。以上に見たクォータ制度は、インドのエリートたちには良識がある、と人々に思わせた。しかもそれに対してエリートたちが支払うコストは、ほんのわずかであった。同制度はまたエリートたちに対し、教育や保健のための投資、さらにはインフラストラクチャーへの投資を賄うのに必要な税金の支払いを免れさせた。そしてこのインフラストラクチャーは、インドにおける社会的不平等を真に減少させるうえで、また恵まれない階層の人々全体（そうした人々はマイノリティだけではない）が、かれらの立ち遅れた分を取り戻すことができるうえで、なくてはならないものであったに違いない。

さらに、クォータ制度を設けるために導入されたカテゴリーは、ある場合にはグループ間の境界を定着させると同時に、かれらの間の対立を激しくさせる要因にもなった。こうしたリスクに対して、インドは部分的に対応した。インドの法制はそのため、一九九〇年代初めから親の所得のような他の判断基準を考慮し始めたのである。これは例えば、歴史的に差別されてきたグループ出身の人々が、たとえかれらの個人的かつ家庭的な状態が長い間に非常に改善されてきたとしても、クォータ制度から限りなく恩恵を受けることを避けるためである。実際にこのシステム全体は、もはや歴史的に差別されてきたカーストへの帰属に基づいて機能するものではない。それはむしろ、親の所得、卒業資格、あるいは資産のような客観的な社会的基準に基づきながら、積極的格差是正措置の対策に向けて非常にゆっくりではあるが変化してきたように思われる。このことは、そうしたシステム全体がいっそうよいものとなることを願うものなのかもしれない。理想的にはカテゴリーや敵対関係を定着させるのを避けるために、クォータ制度のシステムは前提としてカースト自体を転換させなければならない。これによって、差別されているグループに対する偏見を減らすことができる。要するに、民族・人種的あるいは社会・人種的なカテゴリーと、クォータ制度のシステムの双方を導入することに対して、非常に慎重にならなければならない。この点は、我々の入手できるさまざまな国際的事例から察することができる。特定のグループに対する偏見があまりにも定着し、またあまりに大きなものであるとすれば、クォータ制度は確かに必要不可欠になるであろう。これによって例えば、フランスにおける選挙や職業に関するプランにおいて、男女平等制を導入することは正しいとみなせる。このプロセスは、一九九九年と二〇〇八年に憲法の重要な改正を必要とした。それは、憲法院（憲法院は一九八二年に、男女平等制を憲法に反すると判断し、当時採択された控え目な法でさえ検閲によって削除した）[30]の検閲を乗り越えるためである。外国出身もしくは民族・人種と結びついた差別を問題にすれば、一方で普遍的なタイプの平等な社会・経済政策と、社会階層間の不平等の一般的な減少を促す必要があり、他方ではテスト鑑定のキャンペーンや両親の出身国に関する客観的な情報（そしてもしこの点を明らかにするのに必要不可欠であるとすれば、場合によって先祖に関する情報）、ならびに差別のシステム自体の測定などに基づく反差別政策が進められねばならない。これらのことを行うのが、私には好ましいように思われる。

とにかくフランスの社会にとって、これらの問題を冷静に議論することが急務である。こうしたテーマに関する議論では、ひどい罵り合いや極めて頑なな態度があまりに頻繁に見られる。そこでは確かに、複数の立場がア・プリオリに表されるというような難しい問題が予想される。しかし、それらの立場はいずれももっともらしいし、また尊重されねばならない。それゆえそうした問題は、建設的にしっかりと議論される必要がある。そうであるにもかかわらず、以上のような事態に陥ってしまうのである。アングロ＝サクソン流の民族・人種に関する指示の問題に対し、憲法院は二〇〇七年に否定的な見解を表明した。これによってそれに関する議論は終わりを告げた。そこで我々はしばしば、この点を示すだけで済ませてしまう。しかし、この問題は実際にはより複雑である。なぜなら、それは一方で二〇〇七年の憲法院の見解が多くの曖昧さを残していると共に、数多くの例外をあらかじめ設けているからであり[31]、他方では、そうした裁判官の反対があったとしても、それによってフランスが男女平等制の設定を免れることは決して できないからである。したがって、憲法院の裁判官の見解を知ることが問題なのではない。そもそもそうした見解は、裁判官独自の性格というよりは社会・歴史的な状況に依存している。それだから問題はむしろ、米国あるいはイギリスのタイプの民族・人種に関する指示を導入することによって、効果的に差別に反対できるようになるか、もしくはそうした闘いができなくなるかを把握することにある。この点に関して私は、そうした指示によっては差別に反対できないとする考えを支持したい。そこで私には、多様性と差別の測定によるオルタナティブなシステムを想定するのが好ましいように思える。この測定のシステムは、両親（必要であれば先祖）の出身国に基づくものである。したがってそれは、アングロ＝サクソン流の民族・人種に関する指示よりもはるかにフレキシブルでダイナミックなものとなる。というのも同システムは直ちに、永続的な混血という考え方、ならびに人々の経歴とカテゴリーの非常に大きな多様性という考え方の双方に組み込まれるからである。しかしながら、その他の立場もあり得るし、またそれらも支持されねばならない。さまざまな立場が予想されるものの、そのそれぞれに議論すべき点、あるいはまた詳細を明らかにすべき点が数多く見出せるはずである。しかし仮にそうした点を考慮しなくても、それらの立場はいずれも排除されてはならない。

議論の進展を望むのであれば、同じく反差別政策のテーマに対して各人がその立場を明らかにする必要がある。それは、具体的で建設的な議論ができるようにするためである。これらの問題をめぐる対立はしばしば激しくなり、解決の糸口が見えなくなってしまう。というのも各々の立場が、自分たち以外の立場は事実を歪曲しているとみなすからである。しかもこのことは、ときには各々がとる独自の選択を明らかにせずになされる。ステファンヌ・ボーとジェラール・ノワリエルは二〇二一年に、フランスにおける社会的かつ人種的な不平等の変化とその現れ方に関する刺激的な分析を一冊の本にまとめた。そこでかれらは、人種の側面を語ることによって社会の側面に対する注意を怠ることがあってはならないと主張する。この点は当然ながら正しい。こうした視点に立ちながら、かれらは他方で、人種的かつ差別的な問題に対する過激な立場に賛同すると思われる研究者、あるいはアングロ＝サクソン流の民族・人種に関する指示という方法のフランスへの導入に賛同すると思われる研究者を何人も取り上げて論じている。ただし、著者たちの立場は、そうした研究者のいずれのものでもない(32)。互いが現実に対立することは、実際に乗り越えられないものではない。そうした対立を乗り越えるためにも、それらの対立はとにかく、いっそう明確にされると共に検討されるだけの価値がある。私にはそう思える。

宗教的中立の新しい形をいかにつくり出すか

民族・人種的な差別に対する闘いはまた、宗教的中立の新たな形をつくり出すことに進む。この点を追加して述べておきたい。ここでもまた、いかなる国もこの点に関して、満足のいくようなバランスのとれた状態に達していると言い張ることはできない。フランス流のライシテ[訳注13]というモデルは、完全に中立なものとして好んで表される。しかし、現実はそれほど単純ではない。礼拝の行われるところは、公式には補助金の対象にならない。ところがそれは、一九〇五年の法以前に建設されたものを除いている。そうなると実際には、ほとんどすべての教会がその除外の対象となる。同時にそうした除外は、キリスト教信者に比べてイスラム教信者にいっそうの不利益を与える。一九五九年のドブレ法の採択により、カトリック宗派の立場にある小学校、中等学校、ならびに高等学校は、納税者の支払う税金から大きな資金を受け取っている。この資金規模は、他国の場合と比べものにならないほど大きなものである。これらの教育施設はまた、かれらの生徒を自由に選別する権利を保つことができた。このようなことが行使された背後に、社会的混成という観点から共同社会のルールを尊重するという姿勢はこれっぽっちも見られない。その結果それらの教育施設は、学校のゲットー[訳注14]化の大きな要因となったのである(33)。

宗教団体(司祭や建物)への資金提供を問題にすると、そこでは財政的補助金が中心的な役割を演じている。このことを加えて指摘する必要がある。そして実は、この点は知られていないものである。フランスでは、非常に多くの国の場合と同じように、宗教団体への寄付は課税の減免を受けられる。したがってこの寄付は事実上、極めて不平等な公的資金の供与方式となる。なぜなら、この公的補助金は、信者が資金を多く使用しようとすればするほど増大するからである（この点は実際に、再び特定の宗教を他の宗教よりも有利にする）。具体的に、フランスの教会あるいはパリの大モスクに与えられる一〇〇ユーロの寄付金に対し、フランスで納税者に課される税金は三四ユーロでしかない。そこで残りの六六ユーロは、フランス国民の集団によって支払われる。こうした財政的補助金は、一般的利益になる団体、とりわけ宗教団体や文化団体に対するすべての寄付に適用される。しかしながら、このことにより納税者に対して所得税が課せられる（それは実際には、人口の半分に当たるそれほど富裕でない人々を除いている）。また、所得税の減免額は、課税所得の二〇％を上限とする（この額は、非常に富裕な人々にとってかなり大きなものである）。言い換えれば、所得税を課すにはあまりにわずかな所得しか得られない信者が、一〇〇ユーロをその宗教団体に寄付すれば、それはその人に一〇〇ユーロの負担をかけることになる。なぜなら、そうした信者には課税の減免を受ける権利が何もないからである。これに対して、もしも非常に富裕な信者がその宗教団体に一万ユーロを寄付すれば、その人の負担は三四〇〇ユーロでしかない。残りの分（六六〇〇ユーロ）は事実上、他の納税者によって支払われる。したがって、低所得の信者を集めた宗教団体は公的補助金を何も受けられないのに対し、富裕な信者を集めた宗教団体は、国民的な集団の納税から寄付金の三分の二を補助金として受け取ることができる。とくにそうした集団は、前者の宗教団体における低所得の信者から成る(34)。このようにして見ると、宗教的中立に関してもっとよくできることがあるように私には思える。

次の点をはっきりと指摘しよう。それは、大部分の国に設けられているシステムにおいて、以上の例と同じような不公正が見出せるという点である。この点は、とくにイタリアで現れている。そこでは各納税者が、その課税の一部を自分たちの選んだ宗教団体に割り当てることができる。あるいはドイツでは、宗教団体の利益になるように集団的な課税による支援を追加する形のメカニズムがある。これらの二つのケースではさらに、国民的にまとまった組織を利用する宗教を有利に扱うという側面が見られる（このことは、実際にはイスラム教を排除している）[35]。これらのケースと比べてフランスのモデルは、宗教団体を他の団体と同じ仕方で扱う。これは潜在的には、より満足のいくものである。そしてこのことは、宗教を他と同じような信条もしくは主義主張として考えることであり、それは組織の刷新と多様性を促す。

しかしそのようなことが行われるには、システムをより平等なものにする必要がある。例えば、関連する公的な補助金全体をすべての人に対して同額となるような、「団体に根ざした生活のための金券」に転換させることであり、また各人が、自分たちの選択する団体（宗教、文化、人権……などの団体）に、その価値観と信条がいかなるものであっても捧げられることである[36]。具体的に公的な補助金は、団体への寄付に対する所得税の減免と結びついている。その補助金額は全体で、年に一五億ユーロにのぼる（そのうち、約二億二〇〇〇万ユーロが文化団体に対するもので、それは基本的にカトリック教会の利益になる。そしてこのキリスト教会は、他の文化団体よりも富裕な寄付者からいっそう多くの資金を得ている）[37]。こうした課税の減免策を廃止することで、フランスにおける五〇〇〇万人の成人の居住者に各々三〇ユーロの「団体に根ざした生活のための金券」を渡す資金を捻出できる。かれらはそれによって、自分たちの団体を選択することになるであろう[38]。寄付に対する課税の減免は、不動産資産に対する課税や企業に対する課税の名目でも行われる。そこで、そうした減免分も含めるのが好ましいに違いない。そうすれば、以上に見た金券は、成人一人当たり五〇ユーロに達する。このようなシステムをつうじて、実質的な平等に向けて進むことができる。同時にそれによって、不信感とあからさまな非難という現状から脱け出ることもできるであろう。

ここで問題は再び複雑になる。そしてこれまで述べたこと以外の解決も当然思い浮かぶ。イスラム教団体の資金繰りの方法を明確にさせる一方で、外国からの一定の補助金（これ自体は完全に正当なものである）を透明なものにさせることが望まれる。しかしそうであるからには、オルタナティブで公正・平等な、かつまた透明な資金繰りの方法をつくり出していかねばならない。さもなければ、イスラム教団体は根絶されるべきとする印象を人々に与えるに違いない。このことは、宗教的中立の政策に似ても似つかないものとなる。

アイデンティティの行き詰まりから脱け出るために腐心する

結論を述べよう。本章は、熱い思いを表しているにすぎない。それは、差別に対して具体的に最もよい方法で闘い、この闘いによって人々が共に生きることができる点を示すことである。もちろん、ある人たちはこうした議論を拒むに違いない。そしてかれらは、何百万人もの名前や名字、またかれらの外見や衣服を変える必要があること、そしてしまいには、かれらにとって望ましくないとみなされるグループを国民的な共同社会から排除すべきであることを語り続けるであろう。しかし、このような乱暴な仕方でもって問題を解消することはできない。それ以外の方法に基づいて、何かしらの嫌悪感という有害な種をふりまく行為を乗り越えねばならない。これにより、多くの点で十分に広いコンセンサスを思い描けるのではないか。私にはそう思える。

教育や公共サービスにおける実質的な平等を促すと同時に、現行のシステムが抱えるとてつもない偽善から脱け出ることによって、広い範囲の団結を勝ち得るであろう。もちろん以上の課題や、社会的に利害が対立する他の課題もある。たとえそうであったとしても、そのような団結は、それが相応なものかどうかは別としてきっと現れるであろう。差別に関する国民的監視機関は、大規模なテスト鑑定を組織すると共に、信頼できる指標を毎年つくるための手段を持っている。この指標によってフランスの差別の変わりゆく実態を十分に把握することができる。それなのに、残念ながら実際にはそうでない。しかしそうした機関を用いることは、さまざまな世界からやって来る数多くの市民をおそらく集めることになるであろう。確かに、テスト鑑定のキャンペーンや毎年の特別な指標に関する正確な中味の問題がある。また、差別を測定するための両親の出身国に関する問題がある。あるいはさらに、イスラム教団体における外国資金に代わる資金繰りの問題もある。とはいえ、これらの問題は間違いなく議論を深めるのにふさわしい。私の目的は、それらの異なる点に関する議論を閉ざしてしまうことでは全然ない。そうではなく、その反対に全く複雑な世界の中で、議論をオープンにすることこそが私のしようとすることである。このことによって私は、各々の段階で相対立するがそれでも互いに尊重し合えるような複数の立場が存在することを強調したい。さらに私は、そうした不一致を明らかにしたいし、同時に、純粋に理論的で出口の見えない対立から脱け出られるような具体的な提案について議論したい。

以上に論じたことは、現状を見ると単純で素朴なものにすぎないかもしれない。しかし私は、フランスでこれらの問題を冷静に話し合いながら革新的で建設的な解決を見出すことができるし、またそうすることがかつてないほどに必要であると確信している。ここで画竜点睛をしておこう。多数のアンケートは、一般的な差別に対して、またとりわけ反イスラムの差別に対して、若い世代が、より高齢の世代よりもはるかに感じ取ることができる点を明らかにしている。このことは、来たる数年また数十年の間に、前向きの変化が疑いなく現れるであろうことを物語る(39)。同時に若い世代は、右派によるヒステリーとアイデンティティに対する妄想が見られる現状の下で、影響力を発揮できるように思われる。そして苛立つ人々は結局、かれらの地位を失うことになるであろう。我々は、来たるべき世界に向けて準備することを急ごうではないか！

原注

（1）イスラム教徒であると自ら告白する人々の割合に関しては、C. Beauchemin, C. Hamel, P. Simon, *Trajectoires et origines. Enquête sur la diversité des populations en France*, INED, 2015, p.562. ; H. El Karoui, *L'Islam, une religion française*, Gallimard, 2018, p.20-26 を参照。

（2）このテーマについては、非常に興味深い本である J.-F. Schaub et S. Sebastiani, *Race et histoire dans les sociétés occidentales (XVe-XVIIIe siècle)*, Albin Michel, 2021 を参照。

（3）A. Benhenda, « Teaching Staff Characteristics and Spending per Student in French Disadvantaged Schools » , PSE, 2019 ; *Tous des bons profs : un choix de société*, Fayard, 2020 を参照。

（4）*Effective Teacher Policies. Insights from PISA*, OCDE, 2018 を参照。

（5）恵まれない社会階層の人々の住む区域で、教員の平均賃金は最も低いが、その分は教える生徒定員がより少ないことでしばしば補われるとされる。しかし、本当にそうなっているかは全く定かでない。

（6）入手可能な最新のデータによれば、恵まれない社会階層出身の子供たち（同年齢クラスの三六%）のうち、バック+3／バック+5（訳注15）の資格を持つ学生は全体の二〇%である。しかしかれらが、パリ政治学院、高等師範学校、高等商業学院、ならびに理工科学校の定員に占める割合は各々、八%、七%、三%、ならびに〇%にすぎない。これに対して、非常に恵まれた社会階層出身の子供たち（同年齢クラスの二三%）のうち、バック+3／バック+5の資格を持つ学生は全体の四七%にのぼる一方、かれらがパリ政治学院、高等師範学校、高等商業学院、ならびに理工科学校の定員に占める割合は各々、七三%、七五%、八九%、ならびに九二%に達している。この点については、C. Bonneau, P. Charousset, J. Grenet, G. Thebault, *Quelle démocratisation des grandes écoles depuis le milieu des années 2000?* (IPP, 2021) を参照。しかもこの調査は、二〇〇〇年代以降に社会的混成に関する測定が、これまで何度も告知されたにもかかわらず何も進展していないことを確かめている。異なる教育課程に関するコストについては、G. Fack, E. Huilery, *Enseignement supérieur : pour un investissement plus juste et plus efficace* (CAE, 2021) を参照。

（7）T. Piketty, *Une brève histoire de l'égalité*, Seuil, 2021, graph.14 (p.137) ならびに graph.32 (p.259) (http://piketty.pse.ens.fr/files/egalite/pdf/G14.pdf ならびに http://piketty.pse.ens.fr/files/egalite/pdf/G32.pdf) を参照。

（8）http://piketty.pse.ens.fr/files/BudgetEnsSuperieur20002022.xlsx を参照。

（9）例えば各々の共同社会は、そうした社会の納税者に適用される税率を一定の限界値に固定し続けられる。しかし、それは国民的な均等化のメカニズムによってなされる。このメカニズムにより、共同社会の受け取る収入を、国民的レベル（共同社会ベースではなく）での住民一人当たりに対する税率や平均課税基準が生み出すものと等しくなるようにすることができる。

（10）T. Piketty, *Une brève histoire de l'égalité*, Seuil, 2021 を参照。

（11）M.-A. Valfort, *Discriminations religieuses à l'embauche : une réalité*, Institut Montaigne, 2015 を参照。

（12）*Discrimiation à l'embauche des personnes d'origine supposée maghrébine : quels enseignements d'une grande étude par testing ?* Notes IPP n°76, 2021 を参照。

（13）例えば、*Discrimination et origines : l'urgence d'agir*, Défenseur des droits, Rapport 2020 を参照。

（14）この点はまた、欧州レベルに関する機関（「基本的権利のための機関、ＦＲＡ」）でも同様に行われている。同機関は、非常に有益な総合的報告書を作成している。しかしかれらは、異なる加盟国間における差別の毎年の調査を保証する手段を全く持っていない。

（15）F. Jobard, R. Lévy, J. Lamberth, et S. Névanen, « Mesurer les discriminations selon l'apparence : une analyse des contrôles d'identité à Paris », *Population* 2012, n°3（vol.67）, p.423-451 を参照。

（16）「差別に対決するために機会均等を促すことを目指す」法が、二〇二一年七月に国民議会（下院）で共和国前進グループにより提案されると共に、「差別の国民的監視機関」の創設も検討された（第九条項）。しかし、そこには分析されるべき特別な手段や任務は何一つないことに気づく。そのイニシアティブは大いにお飾り程度のものであるし、またそれは、権利の擁護機関が実際につくり上げた報告と比べてみても、それほど大きな改善をもたらすものではない。

（17）二〇〇一年以来、フランスでずっと適用されている国勢調査の枠組にしたがえば、一万人以上の住民から成る各共同社会の人口の八％が毎年調査される。また、一万人未満の住民から成る共同社会全体の二〇％が調査される。その結果、人口全体の一四％が毎年調査される。これまで、人口に対する徹底的な国勢調査は、平均で七年か八年に一度実行された（一九九九年、一九九〇年、一九八二年、一九七五年、一九六八年、一九六二年等）。国勢調査を継続することは、毎年の情報を提供する利点を持つ。実際に用いられる国勢調査の報告書（https://www.le-recensement-et-moi.fr/rpetmoi/pdf/Bulletin-individuel.pdf）は、調査される人々の雇用、卒業資格、ならびに出身地（両親の出身地ではない）に関する質問から成る。

（18）これは「名目的な社会的事象の発表（DSN）」にかかわる。それはかつて「社会的な数値の毎年の発表（DADS）」と呼ばれたものである。DSNの枠組の中で、企業が財政・社会当局に伝える労働者のポストと賃金に関する情報は、現在毎月与えられる。これに対して、DADSはそれ以前に、毎年、次いで四半期ごとに行われた。毎年の定期的な情報提供は、ここで目指されるべき実践としては十分に満足のいくものである。

（19）二〇一〇年に提案されたシステムは、これまでのものと全く異なる。その中で、両親の出身国に関する情報は、毎年賃金労働者によって与えられる。その後それは、企業による賃金の発表に匿名の形で組み合わされる。二〇一〇年にF・エランが主宰した報告書、*Inégalités et discrimination. Pour un usage critique et responsable de l'outil statistique. Rapport du Comité pour la mesure de la diversité et l'évaluation des discriminations* (COMEDD)を参照。

（20）同様の理由で、両親の出身国に加えて国籍を利用することは無駄であるように思われる。そのことによって確かに、問題とされる経路を細かく知ることができる。それは、外国で生まれた両親のうち、フランス国籍を持つ人と外国籍を持つ人とを区別するものである。しかしこのことは、ことをいっそう複雑にしてしまうという代償を払うことになる。国勢調査で問われる人々は多くの場合、両親の法的な国籍（それは歴史的に変わり得る）を、かれらの出身国ほどにはよく知らない。そうであれば、なおさら以上のようことが生じる。しかもそのことによって、職業上の差別を最もふさわしい方法で探る力が著しく増すわけでもない。

（21）https://www.census.gov/quickfacts/fact/table/US/PST045219を参照。

（22）Z. Rocha et P. Aspinall, *The Palgrave International Handbook of Mixed Racial and Ethnic Classification*, Palgrave,

2020を参照。

（23）A. Heath et V. Di Stasio, « Racial Discriminition in Britain, 1969-2017 : a Meta-Analysis of Field Experiments on Racial Discrimination in the British Labour Market », *British Journal of Sociology*, 2019 を参照。同じく、L. Quillian *et alii*, « Do Some Countries Discriminate More than Others ? Evidence from 97 Field Experiments of Racial Discrimination in Hiring », *Sociological Science*, 2019 を参照。これは、差別がイギリスやドイツよりも、フランスやスウェーデンでより強いことを明らかにしている。しかし、諸国間の差は、統計的に意味のある限界値に近い。

（24）この比率と比べ、異人種間結婚の比率はスペインとイタリアを出身国とする人々に関しては六〇％に達する。C. Beauchemin, B. Lhommeau et P. Simon, « Histoires migratoires et profils socio-économiques », in *Trajectoires et origines. Enquête sur la diversité de la population française*, *op. cit.* を参照。

（25）より正確には、族内婚（同一人種間の結婚）の比率が六五％であるとすれば、特定の国出身の祖父母を持つ人々のうち、たった二七％が、その国出身の四人の祖父母を持っているにすぎない（〇・六五×〇・六五×〇・六五＝〇・二七）。

（26）P. Simon et M. Clément, *Rapport de l'enquête « Mesure de la diversité »*, INED, 2006 を参照。民族・人種に関する質問に対して表された不快感は、サハラ以南もしくは西インド諸島の出身の人々よりも、北アフリカ出身の人々の間ではるかに強い。この点に関しては、Pap Ndiaye, *La Condition noire. Essai sur une minorité française*, Calmann-Levy, 2008 を参照。

（27）G. Livingston et A. Brown, « Intermarriage in the U.S. 50 Years after Loving v. Virginia », Pew Reserch Center, 2017 を参照。ラビング対バージニア（訳注16）の米国連邦高等裁判所による一九六七年の判決は、バージニア高等裁判所の決定を覆し、異人種間の結婚を禁ずるバージニア州法を憲法違反と宣言するものであった。この点を再び思い起こそう。

（28）J.-L. Amselle et E. M'Bokolo, *Au coeur de l'ethnie. Ethnies, tribalisme et État en Afrique*, La Découverte, 1999 を参照。

(29) T. Piketty, *Une brève histoire de l'égalité, op. cit*, p.272-283 を参照。

(30) 一九八二年に与党(過半数政党)の社会党が採択した法は控え目なものであった。なぜなら、それは単純に、男女のいずれの性も名簿式投票の中で七五%以上の議席を占めることはできないと規定しているにすぎないからである。この点はとくに、市町村議会選挙や地方選挙においてそうであった。このことは確かに、女性にとって著しい進歩を示した。かれらは当時、当選者の一〇%以下にすぎなかったのである。ところがこの法は、平等の原則を破棄するものとして憲法院の検閲により禁止された。ここで、フランスが初めて積極的格差是措置を大いに経験したのは、一九二四年四月二六日の法によるものであったことに気づく。それは、一〇人以上の賃金労働者を抱えるすべての企業に対し、少なくとも一〇%に当たる労働者を傷痍軍人としなければならないとするものである。それに違反すれば、一日当たりの賃金に等しい分を、傷痍軍人の不足に相当する日数に合わせて支払わなければならない。この法は次いで、実際に就業しているハンディキャップのある労働者を有利とする対策に向けて進展した(しかし、そこでの制裁はそれほど抑止効果を持つものではなかったし、また、その目標もそれほど高いものではなかった)。

(31) このテーマに関しては、二〇一〇年にF・エランが主宰した報告書、*Rapport du Comité pour la mesure de la diversité et l'évaluation des discriminations (COMEDD)* を参照。

(32) S. Beaud et G. Noiriel, *Race et sciences sociales. Essai sur les usages publics d'une catégorie*, Agone, 2021 を参照。両研究者は同書の中で、フランソワ・エラン、パップ・エヌディアアイあるいはパトリック・シモンらと同じように、民族・人種的なタイプの指示を導入することに対して明白に賛同しているわけではない。また、先に引用したかれらの研究のうちのあるものは、そうした導入とは逆の考えにつながる要素を数多く含んでいる。

(33) J. Grenet, « Renforcer la mixité sociale dans les collèges parisiens », PSE, 2016 を参照。フランスはまた、小学校を週一日閉鎖することを選択した唯一の国である(一八八二年から一九七二年までは木曜日、それ以降は水曜日に学校を閉鎖）。それは、カトリック教理にしたがうためである。この閉鎖日の分は、最終的には通常の学校行事の中に再び組み入れられる予定であった。しかし二〇一七年に、こうしたフランスの例外をなくすことが決定された。このフランスの例外と言われることは、一週を分断することで一日の授業時間があまりに長くなることを意味する。その結果、それは学習や男女不平等に悪い影響を与えた。それにもかかわらず、そのような例外が存続してきたのである。C. Van Effenterre, *Essais sur les normes et les inégalités de genre*, EHESS, 2017を参照。

（34）これは、とくに付加価値税や間接税、ならびにさまざまな租税と社会的負担の支払いを通して行われる。これらの税は誰でも知っているように、所得税による収入よりもはるかに大きな収入となる。

（35）F. Messner, *Public Funding of Religions in Europe*, Ashgate, 2015を参照。

（36）J. Cagé, *Libres et égaux en voix*, Fayard, 2021を参照。

（37）寄付金の割当に関して、ならびに寄付金や財政的補助金の全体に占める文化団体の割合（この割合は約一五％と推定できる。つまり、それは所得税としての財政支出である一五億ユーロに対して、約二億二〇〇〇万ユーロに相当する。そのうち約一億八〇〇〇万ユーロがカトリック教会に対するものである）に関しては、*Panorama national des générosités*, p.35-45, Observatoire de la philanthropie, 2018を参照。

（38）「団体に根ざした生活のための金券」を用いない人々に関して、それに相当する金額は、同金券を用いることを選択した他の人々の割合に応じて割り当てられる。それは、そうした金額の予想される総額が慈善的な事由で十分に割り当てられるようにするためである。

（39）*Enquête auprès des lycéens sur la laïcité et la place des religions à l'école et dans la société*, Licra, 2021を参照。

訳注

1――中等学校の歴史・地理の教員であるサミュエル・パティが、二〇二〇年一〇月一六日に、イスラム主義テロリストによって殺された事件。これは、パティが表現の自由に関するモラルと市民について行った授業で、イスラム教を風刺する題材を用いたことに端を発したものである。

2――サヘルは、サハラ砂漠南部の西アフリカ（セネガル）から東アフリカ（スーダン）に至る半乾燥地帯を指す。

3――アンシャン・レジームは、フランス革命（一七八九年）が勃発する以前の、ブルボン朝の絶対王政期（一六～一八世紀）で、王家、貴族、ならびに教会により支配された政治体制。

4――レコンキスタは、スペイン語で再征服を意味する。それは、八世紀から一五世紀の間に展開された、キリスト教系スペインとイスラム教系スペインとの対立抗争の中で、前者が国土回復を目指した戦争。

5――大西洋奴隷貿易は、一五世紀から一九世紀の間に、ヨーロッパ＝アフリカ＝アメリカの三大陸間でアフリカ黒人奴隷を商品として売買した貿易（三角貿易）を表す。これにより、一〇〇〇万人以上の黒人奴隷がアメリカ大陸に強制移住させられた。それは、ヨーロッパ向けの鉱物資源や貴重な食料品・原材料などの生産に必要な労働力を確保するためであった。

6――フランスの高等教育機関の中で最上位に位置づけられるグランドゼコールには入学試験がある。それは入学試験を必要としない一般の大学と区別され、社会のエリートを輩出している。

7――バカロレア（大学入学資格、略称バック）後入学は、バカロレアを取得した学生が、フランスの高等教育機関に入学すること。その際にパルクールシュプ（学生の高等教育機関入学先に対する要望を、インターネットで収集・管理するための土台となるもの）が、学生の将来の針路に関するさまざまな情報を提供して入学の手続きをサポートする。

8――マグレブは、北アフリカの西部地方のアラブ世界であるアルジェリア、リビア、モロッコ、ならびにチュニジアなどの国から成る。

9――シネガリテは、フランスの映画製作において、性別、階層、ならびに出身の多様性を認めない表現に関し、毎年前代未聞の調査結果を発表している団体のこと。

10――エラン報告は、フランス国立人口統計学研究所長のF・エランが主宰する、多様性と差別の測定と評価のための委員会によって作成されたもの。

11――ベルベル人は、マグレブ地方の広い範囲に古くから住む少数民族の総称で、ベルベル諸語を話す。

12――指定カーストや指定部族は、インド社会においてヒンドゥー教やイスラム教などの大きな宗教に属さず、独自の文化・社会を維持してきた共同社会を成しており、かれらの身分がインドの憲法で明示的に保障されている。

13――ライシテは、フランスにおける政教分離の原則を表す。これにより国家は、宗教的に中立で無宗教でなければならない。

14――ゲットーは、欧州を中心とした大都市における少数民族の居住する貧民街（スラム街）。

15――バック+3は大学入学資格に大学学士課程三年間の修了資格を加えたもの、バック+5はバック+3に大学院修士課程二年間の修了資格を加えたもの。

16――白人と黒人の間で結婚したラビング夫妻が、それを認めないバージニア州に対して提訴した事件。

第二章

キャンセルカルチャー

——誰が何をキャンセルするのか

二〇一〇年代以降、ブラック・ライブズ・マターなど全世界的に繰り広げられる反差別行動と軌を一にして出現した「キャンセルカルチャー」は、抑圧された者が抑圧の歴史を告発し、その象徴となるものを否定する運動である。米国とフランスという二重の視点からの探究を続けるロール・ミュラが、この問題の深淵を問う。

ロール・ミュラ

伊東未来 訳

最近、話題に事欠かないキャンセルカルチャーをめぐる論争が起きるたびに、マスコミやソーシャルネットワーク上では嵐が吹き荒れる。「マイノリティの独裁」とも評され、その最大の敵であるドナルド・トランプによれば、「極左のファシズム」たるキャンセルカルチャーの特徴は、「人種差別主義者の捏造」や時代錯誤と道徳的判断で歴史を書き換えようとする怒れるマジョリティから反感を買うことである。一般的に、このテーマに関してこうした批判をすることは、事実上ほぼ不可能である。すでにこのような経験をしたことがある人もいるだろう。キャンセルカルチャーという語を聞くと、誰もがそれぞれの銃を取り出すのだ[1]。

とりわけフランスでは、キャンセルカルチャーは検閲や表現の自由の終焉、さらにひどい場合にはフランス社会の米国化などとすぐに結びつけられる。この語が英語のまま表記される点は、この新しいこけおどしが米国起源（つまり、外来の、清教徒的、モラリスト的なもの）であることを念頭に置く必要性を、十分に物語っている。昨日までポリティカリー・コレクトとジェンダー議論に脅かされていたフランスは、今やキャンセルカルチャーの脅威に晒されている。最近この問題について質問された、非常にフランスびいきのジョディ・フォスターは、『テレラマ』誌にこう答えている。

> フランス人は、このことにとてもこだわっている印象です。[訳注1] このテーマについては、慎重になったほうがよいと思います。なぜなら、私たちのところでは、キャンセルカルチャーに対する憤慨は、最悪の保守主義、右派の中の右派に転化しつつあるからです。私にとってこの実践は、明らかな不正を事後的に修復することを目的としたものです。実用的な実践なのです[2]。

「明らかな不正を事後的に修復する」。この論争の争点を、これ以上的確にまとめることは難しい。この提言の一語一語に、争点が凝縮されている。誰もが「修復」の必要性を感じているわけではない（なぜ？　どうやって？）。ましてや、「明らか」であると判断された「不正」は（どのような基準で？）、一部の人々によってさらに「事後的」に単なる歴史の偶然や運命であるとみなされ、誤解を招く遡及裁判の行使に道を開いている。

キャンセルカルチャーに偏りや欠点がないのであれば、フランスで起きている騒動は、システマティックであるからこそ疑わしく、根本的な議論を埋もれさせてしまうほどに問題をぼやけさせている。私がこの論考を書いたのは、暴論や決めつけ、論点の先取りなどの背後にある、本質的な問題を理解しようとするためである。なぜなら、スキャンダラスな反応の裏で、どこかでキャンセルカルチャーが立ち現れるたびに、私自身は何かを学んできたからだ。

まず、言葉と物、表現そのものとそれがカバーしている現実の区別に注意しながら、簡潔な定義を述べることから始めよう。キャンセルカルチャー、あるいは文字どおりキャンセルの文化（culture de l'annulation）とは、本質的に議論を呼ぶ語であり、蔑称的でもあり、アンドレ・ガンテールによれば、「進歩主義的な釈明要求の信頼度を失わせるために、フランスの新保守主義が採用した、米国の右派の表現」(3)である。キャンセルカルチャーは、急進左派に端を発しており、人種差別や性差別の文化が今も続き、抑圧された人々を軽視していることを非難し、社会における具体的な変化を要求する一連の抗議である。表現の自由を行使するマイノリティの重要な手段、それは、個人、企業あるいは組織の、非難すべきだったり不快であったりするコメントや行為を暴露し、とりわけソーシャルネットワークをつうじて、それらへの支援をとりやめることである。つまり、キャンセルカルチャーは、何よりもまず表現と抗議の様式なのであり、デモやボイコット、警鐘の発信（あるいは内部告発）といった、政治的権利に関するスピーチや協調行動から構成されている。二〇一三年に始まったブラック・ライブズ・マター（BLM）や、二〇一七年に始まった#Me too運動は、不公平な状況を告発するためにキャンセルカルチャーを用いた運動の一つであり、人種差別的あるいは性暴力的な行為で非難されている人物への称賛をやめることで、その責任をとるよう体制に求めている。キャンセルカルチャーはそれゆえ、それが生み出す現実により近い別の名――アカウンタビリティ・カルチャー（説明責任文化）あるいはウォーク[訳注2]な思考を持つ。これらは、政府のエコサイド[訳注3]を非難する学生たちによる、二〇一八年の気候変動ストライキの発起人グレタ・トゥンベリのさまざまな発言とも関係している。キャンセルカルチャーは、イデオロギー的な立ち位置を引き受けることの呼びかけであり、倫理的な意識を持てという扇動である。キャンセルカルチャーは権力に説明を求め、公人の矛盾と組織の共犯関係を問いただす。これは、より大きな社会的・生物学的・経済的正義を実現することに熱心な、パフォーマティブな動きであり、誰もが操作できる強力な手段たるソーシャルネットワークをつうじて実行される。キャンセルカルチャーは、権力の領域に対する民衆による圧力の発動なのである。

私は、キャンセルカルチャーのあらゆるバリエーションを引き受けるというよりはむしろ、一貫性と効率性のために、この問題をその発現の一つ、つまり公共空間における銅像の、ここ数年で増加し続けている撤去と破壊をつうじて捉えることを提案する。この派手な行動は、キャンセルカルチャーの本質的な要求と、そこに付随する膨大な論争を集約するという利点を持っている。というのも、おそらくキャンセルカルチャーの何よりの特徴は、しばしば古過ぎて消えかけていると認識されている重要な議論を再活性し、意外にも、記憶と歴史の関係や、いわゆるアイデンティティの主張と国家の大きな物語[訳注4]の構築の関係に新たなニュアンスをもたらし、私たちの過去へのまなざしに対して、現在が果たす役割を照射する点にあるからだ。

二〇一七年八月、バージニア州シャーロッツヴィルの市議会は、ある決定を二〇一二年のプロジェクトに遡及的に適用することを決めた。南北戦争のアメリカ連合軍司令官リーの名を冠した公園を改称し、その中心に君臨していた彼の騎馬像を撤去することにしたのである。「Unite the Right（右翼よ、連合せよ）」の旗の下に、ネオナチ、ネオコンフェデレーション、白人至上主義などの運動が集結し、これに反対するデモ行進が行われた。撤去支持派のデモ隊と激しく衝突し、反人種差別主義者の三二歳のヘザー・ハイヤーが亡くなるという悲劇も起きた。これが、その三年後の米国連邦議会議事堂からの、南軍の将兵たちの銅像の撤去につながる運動の始まりだった。リー司令官は、二〇二一年七月一〇日にシャーロッツヴィルのその台座から、永久に去る予定である。

二〇二〇年五月二五日にミネアポリスで、ジョージ・フロイドが「息ができない」と訴えながら、その首を白人警官に九分二九秒にわたって膝で圧迫され続け亡くなった。この死は、米国におけるさまざまな記念碑の破壊（絵画へのペンキ投げ、銅像の斬首、棄損、撤去など）を加速させることになっ

上：バージニア州シャーロッツヴィルにある公園に置かれていたリー司令官の騎馬像
下：死傷者が出た衝突後の2017年8月28日、カバーで覆われた騎馬像前での示威行動
（写真はともに、Wikimedia Commonsより）

た。米国では、二〇二〇年五月三〇日から一〇月二三日の間だけでも、およそ一〇〇体が被害を受けた。この運動は、ヨーロッパをはじめ世界各地にも拡大している。イギリスのブリストルにある奴隷商人エドワード・コルストンの銅像は、台座から引き剝がされ海に投げ込まれた。アントワープに設置された、コンゴで一〇〇〇万人の死者を出した犯罪的搾取者レオポルド二世の像は、血の色のペンキを吹きかけられた後、クレーンで撤去された。ベルギー国内の他都市における破壊も、これに続いた。興味深いのは、群衆が押しかけるより前に、その奴隷制度擁護者としての過去に長年取り組んで

きたブリストル市議会に対して、コルストンの銅像の撤去を求める歴史家たちによる複数の嘆願書が提出されていたことだ。

シャーロッツヴィルのリー司令官の像のケースでは、市当局とこの南部軍司令官の子孫によって、すでに撤去が承認されていた。このように、実際には、人々はすでに承認されていた計画や政治・行政的決定を実行したにすぎないのである。ベルギーでは、二〇二〇年六月二日に開始されたレオポルド二世の像の撤去か解体を求める署名活動に、八万筆が集まった(4)。撤去や解体の前に、すでに合意形成さえなされていた。二〇二〇年六月、ニューヨーク市長ビル・デブラシオはこのように発言している。

アメリカ自然史博物館は、セオドア・ルーズベルトの像が、黒人とアメリカ先住民を従属させ、かれらを人種的に劣ったものと表象しているとして、撤去を要請しています。市は博物館の要請を支持します。この問題ある像を撤去するのはよい判断であり、よいタイミングです(5)。

この決定はルーズベルトの子孫の同意を得てなされたものであるが、この種の取り組みに猛反対しているドナルド・トランプは憤っている。ルーズベルトの父が創設したこの博物館は、オンライン展示上でこの記念碑の意味をこう分析している。

この像を理解するために、我々は、ルーズベルトの人種に対する誤った見方をはじめとした、長く続く人種差別の負の遺産を認識しておかなければならない。また、この博物館の歴史の不完全さも認識すべきである。このような努力は、過去を弁解するものではなく、開かれ、率直で、敬意に満ちた対話の基礎をつくるのだ(6)。

このように合意がなされたケースは、多数派ではない。とくに、エマニュエル・マクロンが二〇二〇年六月一四日に次のように宣言し、警告を発し、議論を打ち切ったフランスでは。「フランス共和国は、その歴史からいかなる痕跡や名も消し去ることはありません。共和国はそのいかなる行いも忘れることはないでしょう。いかなる像も解体することはないでしょう(7)」。しかし、像の解体は本当に、本や博物館にそのほとんどが記録されている歴史から、それらの名を消すことになるだろうか。むしろ、マクロンが大統領選候補だったときに「人道に対する罪(8)」と同列視した、植民地支配の最悪さを象徴する男たち（この分野では女は稀である）を、公に持ち上げることをやめてはどうだろうか。台座の上のフェデルブ、ブジョー、あるいはガリエニといった将兵たち、訳注5 焦土作戦、火炎放射器による洞窟の炙り出し、女性や子供に対する非人道的な虐殺の推進者たちの脅威に関して言えば、歴史は「かれらのいかなる行い」も決して忘れることはないだろう。「歴史をつくる」という目的にとって、公共の場の銅像よりも適切なツールである、アーカイブがあるのだから。

歴史をつくるということは、これらの像がどのような動機で、どのような時代に建てられたのかを理解することでもある。例えば、リー司令官の像をはじめとする南軍に関連する記念碑の大半や、ニューヨークのセオドア・ルーズベルトの像が、一九二〇年代につくられたことを考慮に入れなければならない。ジム・クロウ法[訳注6]とワン・ドロップ・ルール[訳注7]――リンチが頻繁に起きた人種隔離の体制下では、あなたを黒人とみなすには、つまりあなたを差別するには、一滴の黒人の血で十分だったのだ――が最も強くはびこっていた時代である。ジョージ・フロイドの死後、二〇二〇年五月三一日に初めて解体された銅像は、米国で財を成したスウェーデン人で、南部の海軍将校だったチャールズ・リンのものであった。それが、かつての南部諸州派の砦アラバマ州バーミンガムに、二〇一三年に建てられたものだったということは、非常に示唆的である。二〇一三年、丸腰の黒人少年トレイボン・マーティンを無慈悲に射殺した犯人に対し、無罪判決が言い渡された。ブラック・ライブズ・マター運動の発端となったその判決の年に、ある実業家の銅像が無慈悲にも建立されていたのだ。彼は、南部の住民をリンカーン率いる専制政府の犠牲者であると考えていたような、奴隷制度の熱烈な推進者であった(9)。

このことは、西洋帝国主義諸政府の連綿たる人種差別と廃止された奴隷制度が、すでに駆逐されたはずであるにもかかわらず、隔離という体制の中で、ありふれた無数の差別の形をとって継続しているという、避けがたく核心的な問いを提起している。人種差別的な殺人に責任がある警察官が繰り返し無罪判決を受けた。それにより、公共の場で称えられ続ける犯罪的なイデオロギーはなくならないのだということを理解すべく、過去やポストコロニアル研究に目を向けてきた若者たちの怒りが、頂点に達した。偉人とみなされる者の像という最上級のシンボルを破壊することで、活動家たちは、歴史を抹殺するというよりも、イデオロギーの選択によって政府が過去の出来事から学ばなかったという教訓に、世間の目を向けさせたのだ。ペタン[訳注8]の像がパリの広場にあるのを、誰が平然と見ていられるだろうか。

聖像破壊の行為は、よく教養のない破壊とみなされる。しかし意外にも、毎日オフィスに向かう道すがら植民地主義者の剣の下を通るときには忘れている、歴史に対する感覚を研ぎ澄ませ、無頓着な現代都市のぼんやりした群衆の記憶を甦らせる。この感覚は、国家の非常に好戦的な企図に反しており、実際、マルティニークの総督は一八四八年四月二七日の奴隷制廃止の日にこのような声明を出している。「私はみなさんに、過去を忘れることをお勧めする」(10)。記憶喪失と否定を奨励するこのような姿勢は、サルコジスト[訳注9]による「悔い改め」と「自己嫌悪」の混同、「被害競争」への激しい非難と「歴史再考マニア」への苛立ちの混同、さらには、まことしやかな歴史修正主義との混同に至るまで、今日、多くの現代的な形で立ち現れている。

キャンセルカルチャーが、米国式のヨーロッパへの突然の流入ではないように、人種差別の連続性もまた、私たちがそう思い込んでいるような、米国だけの特権ではない。ここにその証拠の一つを紹介しよう。像の解体や公共の記念碑の破壊は、キャンセルカルチャーがそれを発明したかのように非難されるが、これは非常に古い伝統であるヴァンダリズム――四五五年にローマを略奪したヴァンダル人の名から、グレゴワール司教がこの語をつくった――の一部なのだ。さしあたって私が知る限り、近年の破壊に関する唯一の本である『不和の像（*Les Statues de la discorde*）』（ユメンシス、二〇二一年）の中で、歴史学者のジャクリーヌ・ラルエットは、一七九二年八月一四日のデクレ[訳注10]により立法議会が王の像やローレリーフ、その他の銅像の破壊を命じた理由を、改めて引用している。――「自由と平等という神聖なる原則は、高慢、偏見、専制の中でつくられた記念碑が、これ以上フランス国民の目の前に残ることを許さない」[11]。

ヴィクトル・ユーゴーがその有名な論考『破壊者との闘い（*Guerre aux démolisseurs !*）』（一八三二年）においてすでに指摘しているように、国家こそが最初に「キャンセル」あるいは破壊をする者であることに留意しておくことは、理解の助けになるだろう。国家だけが、例えば映画の上映を停止させたり、一八歳未満に見せることを禁じたりといった、検閲と管理の権限を持っているのだ。歴史は、記念碑を建てて表象することによって、またそれを打ち壊すことによってつくられる。いやむしろ、具現化される。ベルリンの壁崩壊後の「偉人」像の大量殺人を思い出す者もいるだろう。この点で、とくに一九八九年以来の傷から回復するにはほど遠い東欧諸国の経験を、有益に生かすことができるかもしれない。一九四五年にプラハを解放し、ソ連による占領の象徴となったイワン・コーネフ元帥の像が、最近プラハで撤去され、かつてない「記憶の戦争」が起きている。ロシアはこのチェコの行動に憤慨し、国外に設置されているものも含め、第二次世界大戦のソ連人英雄たちの記念碑の撤去を「犯罪」とする法律を制定した[12]（二〇二〇年四月）。

像の撤去と過去の再読をめぐるもう一つの問題は、その境界である。セネガルのサン＝ルイでは、「フェデルブ総督へ　セネガルより感謝を込めて」と記された黒大理石のプレートに飾られたフェデルブ像が、その台座の上で幾度も揺れている。二〇二〇年六月、多くの大学教員が撤去を求める声を上げた。その一方で、文化庁の遺産管理担当者アブドゥライ・ゲイのように、挑発的な論調で反対する者もいた。

私は、像の撤去には全面的に賛成です。ですが、中途半端ではいけません。いっそ、セネガルにおけるフランスの存在のすべて、つまりは植民地支配に関連するものすべて（フェデルブがつくった共和国宮殿、鉄道、ダカール港など）を壊してしまいましょう。これらをすべて消し去ろうとするのは、ある意味で洗脳であり、それがどんなにつらくとも我々の歴史の一部であるものを、決定的に消し去ってしまうことになります(13)。

この発言は、セネガル人がその手で宮殿や鉄道や港を建設したという事実に、言及し忘れている。また、数年前に議会が教科書でそれを認知させようとし、論争の的になっている「植民地化のよい役割」を是認しているようにも思われる。

その他の諸事案も、困惑するものばかりだ。フランスの多くの高校にその名がつけられているジュール・フェリー[訳注11]をどうするのか。「世俗的な公立学校の無償化」の父を残し、植民地拡張の推進者を切り捨てるのか。なぜ政治家ではなく、軍人ばかりがターゲットになるのか。なぜルイ一四世ではなく、その財務総督のコルベール（王の名の下に「黒人法典」[訳注12]を制定したが、起草も署名もすることなく死去したという正当な理由がある）なのか。通りの名前についてはどうか。削除の妥当性を検討する委員会を設置すべきなのか、あるいは「問題のある」それぞれの像に説明パネルを添付すべきなのか。そうすると、その後それはどうするのか。美術館に入れるのか。何のために。それを取り除くことはcensure《検閲》（ベルナール・ノエルは、意味の剝奪を強調するために sensure[訳注13] と表記した）であり、何よりも抑圧された者の象徴と記憶を奪うことにならないか。ソ連時代の遺物が集められ、全体主義の犠牲者の壁の前に置かれたスターリン像のように、処刑者がつねにその罪と向き合うように演出されたモスクワのムゼオン芸術公園から、インスピレーションを受けるべきだろうか。

ここに反省すべき点があるかもしれない。今日、モニュメントが持つ意味は何だろうか。擬人化されたモニュメント性の意味とは何か。ヒエラルキー、階層、崇拝が意味するところは何か。歴史が「英雄」たちの姿を取り去って久しいとき、歴史が階級、集団、ジャンル、風景、気候、文化、精神性、自我あるいはミクロヒストリーを考察してきたとき、歴史が国際的、世界的、グローバルになってきたときが、新しい歴史家や歴史の関心を公共空間に反映すべきときではないか。偉人崇拝や勝利した白人という義務的な形象にとどまるのではなく、もっと想像力をもってして、二一世紀に臨むべきではないか。そして、そうすることで、弁証法的な感覚を甦らせることができるのではないだろうか。

一九五一年に発表された論文「歴史の責任（Les Responsabilités de l'Histoire）」の中で、フェルナン・ブローデルは、「歴史が典型的な英雄の役割に恣意的に還元される」ことを嘆き、こう問うた。「新しい世界――なぜ、新しい歴史はないのか」[14]。新しい世界へ急ごうとするフランス革命は、この大きな問いに、当時としては壮大な発明で答えを出したと言えよう。一七九三年、ルーヴルに共和国中央芸術博物館が設立され、その二年後にはフランス記念物博物館が併設された。国家によるヴァンダリズム、略奪、王家のコレクションや聖職者、移民の財産の差し押さえは、それ以後、ミュージアムの制度化によって姿を変え、「一般公開される作品のコレクション」という近代的な定義を見出し、それによって、消滅の危機にある国家の記憶を救出することができたのである。

現代のイコノクラスト[訳注14]の波から必然的に生じる問題は、革命におけるミュージアムと同等のラディカルさを持ちながら、二一世紀のグローバル化した世界に特有の、高まる不安や要求に応えるために、どのような提案を想起できるのか、という点にある。これまでのさまざまな取り組みから判断する限り、答えはまだ出ていない。二〇二二年六月一六日、マティニョン協定を締結したジャン゠マリー・チバウとジャック・ラフルールの握手[訳注15]を表す高さ二・五メートルの像は、「平和広場」と改名された広場の中央で、一八七八年にカナック族の首長アタイの率いる血なまぐさい反乱を鎮圧した、ニューカレドニア州知事のオルリー司令官の像に取り換えられる予定である。この取り組みがいかに評価できるものであっても、問題の本質は変わらないのではないだろうか。これは、一九世紀と同じ表象システム（英雄化、記念碑化、最も公式なテイストで演出された偉人たちなど）を尊重しており、植民地支配の称賛という問題を解決してはいない（オルリーの像は博物館の庭園に移動される予定である）。一般的な（入植者から独立派、白人から黒人、男性から女性といった）置き換えや混交の理論は、その伝記が必然的に影の部分を含む個々人へのオマージュと同様に、その素朴さにおいて、疑問視されるべきものである。有名な前例がある。一七九四年に行われた盛大な式典では、「鉄の戸棚」からルイ一六世との密約を示す書類が発見された、祀られたばかりのミラボーをパンテオンから追放し[訳注16]、代わって「民衆の友」マラーを正面玄関から迎え入れたのだ。二〇二〇年には、ゲイ活動家でありながら小児性愛を推進し、強姦罪に反対したギィー・オッカンガムを称える、パリ一四区のプレザンス通り四五番地に掲げられた記念プレートを急遽撤去せねばならず、パリ市役所はその費用負担を余儀なくされた。

仮に、一時的・複数的なものが好まれるとしたら、どうだろうか。ロンドンのトラファルガー広場には、果たせなかった依頼（ウィリアム四世の像[訳注17]）のために建てられた、「第四の台座」がある。広場を飾る四つの台座のうち、唯一空席の台座で、他の三つの台座には英国王ジョージ四世と、イギリスの植民地史にかかわる二人の将校が正式に据え置かれている。一五〇年間、この禿げ上がった台座の運命が熱く議論され続けた。一九九八年以降は、現代美術の作品がこの台座に順番に展示されている。このアイデアは、二年間台座に置かれる作品について、市民の投票で決定するという、極めて民主的なプログラムによって実現されている。この「第四の台座」には、二〇二二年に、マラウイ出身でオックスフォード在住のアーティスト、サムソン・カンバルの作品「アンテロープ」が展示される予定である。この作品は、二人の人物を表現している。特大に表現された人物は、一九一五年、マラウイでイギリスの植民地支配に反対する蜂起を起こし失敗した、ジョン・チレンブエ牧師（当時アフリカ人には禁止されていた帽子をかぶっている）。もう一方の人物は、宣教師ジョン・チョーリーである。植民地主義に働く非対称性を、視覚的・象徴的に修正するために、サイズの違いを利用したのだ。二〇二四年には、メキシコのアーティスト、テレサ・マルゴレスが八五〇人のトランスジェンダーの人々の顔の型取りをし、それをメソアメリカの囚人や生贄の犠牲者の頭蓋骨を積み重ねたモニュメントであるツォンパントリのように積み上げた作品「八五〇のインプロンタス（850 Improntas）」が設置される予定である。

近年の一連の像の毀損より前から、破壊行為と植民地時代の過去との関係について考察しているアーティストたちもいる。例えば、ローラ・ンセンギユムバは、レオポルド二世の氷像をつくり、二〇一八年のブリュッセルのニュイ・ブランシュ[訳注18]でそれが徐々に溶けるさまを展示した。これは、植民地主義の解体を表す方法であると同時に、永続的なものよりも儚《はかな》いもの、つまり、かつて抑圧者の栄光の銅像を建てるためコンゴから持ち出された錫や銅よりも氷を用いることで、モニュメント性の解体も表現している。この作品は、エイダ・ピンクストンのパフォーマンス――正式な像を剥奪され、その行き先を待つ台座の上に表現されている――と同様の精神を反映しており、彼女が「カウンター・メモリー[15]」と呼ぶものを精巧に再現している。

その他にも、多かれ少なかれ空想的な提案がなされてきた。例えば、フェデルブ（Faidherbe）像を緑化し、fait d'herbe《フェデルブ》（草むら化）する[16]。あるいは、アーティストのバンクシーが提案したように、コルストン像をブリストルの運河から引き上げ、台座に戻し、彼の首にロープを掛けてそれを引き倒そうとしている抗議者たちの等身大の銅像を設置する。そして結語は、「みな、満足だ。有名な日を記念して[17]」。あるいは、フランソワーズ・ヴェルジェスは、破壊された像の運命とその代替案についてよく尋ねられ、時代に即したエコロジーな解決法を提案している。「なぜ木ではだめなのですか[18]」。

このような問いは、格差が生まれつつあるからこそ、より深刻になる。世界中でますます多くの像が争点になり、ますます多くのミュージアムが、多くのコレクションの豊かな源である植民地期の恐怖について、説明を尽くしていないと指弾されている。アフリカの文化遺産の返還に関するフェルウィン・サールとベネディクト・サヴォワによる非の打ちどころのない報告書(19)（二〇一八年）から、オランダの奴隷所有の過去を初めて探るアムステルダムの国立美術館（Rijksmuseum）の特別展（会期は二〇二一年六月八日～八月二九日）に至るまで、その歴史の政治的再考を避けられる文化施設など、今や一つもない。この結果は、少なくとも部分的には、また反動であったとしても、誤った名づけのキャンセルカルチャーのおかげであると考えなくてはならない。しかし、これらはどれも、この動きがまだ黎明期であることを示すものばかりである。

植民地主義のカリカチュアが公の場で許容されなくなり、この現象が国家によって考慮されるようになった一方で、反奴隷制度主義者、反ナチス、奴隷解放の推進者など、以前は議論を免れていた人々が、今では物議をかもしている。このような、逆もまた然りといったボーダーラインの例が増えていることに対して、私たちは何を語ることができるだろうか。それは、過度な批評に巻き込まれたキャンセルカルチャーの行き過ぎた兆候なのか、それとも避けられない歴史的再評価の論理的な帰結なのだろうか。これを考えるには、以下の三つの事例で十分だろう。

一つ目の事例は、ジョージ・フロイドが亡くなる三日前の二〇二〇年五月二二日、マルティニークで「反ベケ[訳注19]、反植民地遺産」を主張する武装した集団が、ヴィクトル・シュルシェールの二体の像を倒したことである。その翌日、グアドループでもシュルシェールの胸像が二つ破壊された。七月一八日、今度はカイエンヌ（フランス領ギアナ）で同じ行動がとられ、像は血のように真っ赤に塗りつぶされた。

シュルシェールは、私にとって、またおそらく多くの人にとって、フランスで奴隷制度を廃止した人物であった（そして今もそうである）ので、この行動は理解しがたいものであった。活動家たちの要求はいったい何だったのか。

シュルシェールは、一八四八年から一八四九年にマルティニーク代表、一八四九年から一八五一年にグアドループ選出議員、一八七一年から一八七五年にも議員、その後マルティニークの上院議員を務め、非常に長い間、西インド諸島でとてもよいイメージを持たれていた。グアドループには、ヴィクトル・シュルシェールに対して「黒人の擁護者」あるいは「感謝する黒人」と添えられた記念碑もある。彼は、ガストン・モンネルヴィル、レオポール・セダール・サンゴール、そしてエメ・セゼールから、間違いなく称賛されてきた。エメ・セゼールは、一九四八年の奴隷制廃止一〇〇周年の際、一八四八年五月二二日にマルティニークで起きた奴隷の反乱が果たした、ある役割に言及している。この反乱は、まもなく奴隷制が廃止されることが発表された後に、はたして白人は約束を守るのかという奴隷の不信感の中で自然発生的に生じた。反乱の結果、マルティニークの人々は、奴隷制廃止に向けた七〇日間の正式な日程を約束させたのだ。

マルティニークのデモ参加者たちは、「シュルシェールは我々の救世主ではない」と言う。反シュルシェール主義の歴史は古く、独立願望と連動している。ここでは、シュルシェールは出世欲が強く金遣いの荒いブルジョアとみなされ、銅像に表された父性を持った神とはほど遠い、白人帝国主義の象徴になっている。彼の演説や論文の中で、黒人を「野蛮（brutes）」と表現している語を抜き出すことはできる。しかし、よく起こるように、単語を文脈から——とりわけ、彼が主人は奴隷の人間性を奪っていると非難している箇所から——切り取ると、それらは意味をなさなくなる。パトリック・シャモワゾーがツイッターでこう書いていたように。

敵はヴィクトル・シュルシェールではなく、シュルシェール主義者である。私たちの国が奴隷制に直面したとき、シュルシェールはその闘争の強固さでもって、（フランスそのものに対して）フランスの名誉を守ったのだ。同化主義的なイデオロギーであるシュルシェール主義による彼の政治的復権は、奴隷の絶えまない抵抗を見えなくさせ、寛大な奴隷廃止論者たるフランスを称揚させることになる。シュルシェール主義は打ち破らなければならないが、シュルシェールは尊敬されなければならない。[20]

シュルシェール主義のプロパガンダが、黒人自身による解放の力を「キャンセル」したように、現在の要求は、反転した鏡像のようにシュルシェールを「キャンセル」し、その結果、奴隷の行動に居場所と権利を与え、かれらが自らの手で運命を切り拓いたという名誉と威厳を取り戻させたのだ。「偉人」を倒す人々は、クロルデコン使用禁止の裁判での正義を求めるデモの参加者と同様である。一九六〇年代後半に危険性が認識されたこの農薬は、一九七五年に米国で使用が禁止された。しかし、専門家によると、ロビー団体からの圧力により一九九三年までアンティル諸島のバナナ農園で使用され続け、「何世紀にもわたって」河川や土壌、環境を汚染しているという。この内分泌撹乱物質は、認知障害や前立腺がんの原因の一つとされている。二〇一三年から二〇一四年にかけて、マルティニークの人口の九五%、グアドループの人口の九三%の人々の血液から、クロルデコンが検出されたという調査結果がある。二〇一八年の別の研究では、世界で最も前立腺がんの発生率が高いのは、マルティニークとグアドループであるという調査結果が示されている。[21] 二〇〇六年に裁判が起こされたが、時効を理由に棄却される可能性が高い。この事件は、抗議者たちが非難し続ける植民地と人種差別の連続性の一部であり、かれらにとってフランスは、たとえ奴隷制度廃止論者であっても、文字どおりの意味でも比喩的な意味でも、「毒」であり続けるのだ。[22]

二つ目の事例は、二〇二〇年六月一八日、ブラック・ライブズ・マター運動によって、ウエストミンスターにある国会広場のウィンストン・チャーチル像に「チャーチルは人種差別主義者だった(Churchill was a racist)」というスプレー書きがされ、その後、政府がこの像の保護を決定すると、九月一一日に今度は「人種差別主義者だ(is a racist)」と現在形でスプレー書きされた出来事である。

チャーチルは、私にとって、またおそらく多くの人にとって、ヨーロッパを解放した人物であった(そして今もそうである)。しかし、彼が一九四三年のベンガル飢饉の責任者であったことは、研究者らによって明らかにされている。この飢饉は二〇〇万から四〇〇万の死者を出した。また、チャーチルは、そのキャリアにおいて、数え切れないほどの人種差別的発言をしてきた。「私はインド人が嫌いだ(…)この獣のような宗教を持つ獣のような国民が」という発言、「より強く、より質が高く、より賢い」からという理由のもと行われ、アメリカ先住民やオーストラリアのアボリジニの激減を正当化させた、「優等な（白人）人種」観の称揚など。[23]『チャーチル神話（*Les Mythes de Churchill, The Churchill Myths*）』（オックスフォード大学出版、二〇二〇年）の著者の一人は、こう述べている。

チャーチルは、しばしば虚偽あるいは誇張された疑惑の対象となる。彼はもう十分に恐ろしいことを言っていたので、これ以上捏造する必要などない。[24]

三つ目の事例として、二〇二〇年一〇月一一日、ポートランド（オレゴン州）のエイブラハム・リンカーン像をデモ隊が引き倒し、その台座に赤いスプレーで「Dakota 38」と書いたことがあげられよう。この行為は、一四九二年一〇月一二日にクリストファー・コロンブスがアメリカ大陸に上陸したことを祝うコロンブス・デーの前夜に行われた「植民地主義に反対する先住民の怒りの日（Indigenous Peoples Day of Rage Against Colonialism）」という大規模な抗議行動の一部であった。

リンカーンは、私にとって、またおそらく多くの人にとって、有名なアメリカ合衆国憲法修正第一三条によって奴隷制廃止を実現させた人物であった（そして今もそうである）。

「Dakota 38」とは、南北戦争（一八六一～一八六五年）のさなかの一八六二年一二月二六日、リンカーンの命令によりダコタ・スー族の三八人が処刑されたことに由来する。これが、米国史上最も重要な大量処刑であったことが、ソーシャルネットワーク上で明らかにされた。このエピソードは、一般にはもちろん、米国の知識人層にもほとんど知られていないものの、「軍の不正」[25]の事例として、専門家が詳しく研究している。合衆国と戦争しているダコタ族は、戦争法に違反した場合のみ軍法会議で裁かれるべきであったが、そうではなかったのだ。それでもかれらは軍に出頭し、三三〇人の死刑が宣告された。リンカーン自らが処刑数を三八人に減じたからといって、この種のものとしては唯一であった、当初の処置の不義が減じられるわけではない。

リンカーンの遺産に挑んでいるのは、アメリカ先住民だけではない。「偉大なる奴隷解放者」は、黒人の標的にもなっている。かれらはその神話を解体すべきときが来た大統領のイデオロギーに、奴隷制の廃止は含まれていないと主張している。一八六二年のこの有名な言葉が、それを証明している。

> この対立における私の本質的な目的は、連邦を守ることであり、奴隷制を守ったり壊したりすることではない。もし、いかなる奴隷も解放することなく連邦を救うことができるのなら、私はそうするだろう。もし、かれらすべてを解放することによってそうすることができるのなら、私はそうするだろう。もし、残りの者の運命に影響を与えることなく、一部を解放することによってそうすることができるのなら、私はまた、そうするだろう。[26]

活動家によれば、「黒人の命は重要ではない（Black lives don't matter）」の証明である。これは、道徳的要請に反して、あるいは道徳的要請を越えて——たとえそれが反・超道徳の側の利益になるとしても——国家の意義、最善の国益、歴史がつくり上げられる方法の問題全体である。像が決してなしえないのは、このような付与された時代の曖昧さと矛盾を理解可能なものにすることだ。

ここで取り上げたいくつかの像は、すべて公式のアート、つまりイデオロギーとプロパガンダである。世界的な現象である像の破壊は、現代世界における植民地的な姿勢の持続、白人至上主義の持続、警察の暴力の増大——警察の暴力が実現されないと疑問に感じること、それこそが外国諸社会の真の米国化を象徴しているのではないだろうか——に対する反応なのである。

このような仮説を立ててみよう。もし、キャンセルカルチャーがたんに、力尽きかけて今や「非自由主義的」と呼ばれている民主主義[訳注20]の、論理的で必然的な化身にすぎないのだとしたら、どうだろうか。この西洋思想と奔放な資本主義の非嫡出子は、普遍主義的とみなされている社会で、自分の思慮のなさから目をそらし、奴隷制度と植民地化の罪と無数の結果を認識することができないのか。制度の外で生まれた子、非嫡出子は、フランス語の奇妙さの一つであるが、「自然子」とも呼ばれる。キャンセルカルチャーの暴力性を、権力の残忍性以外のところに求めてはいけない。そこに危険があり、行き詰まりがある。詩人オードリー・ロードの言葉は、私たちにこのことを思い起こさせる。「主人の道具が主人の家を解体することは、決してない[27]」。

キャンセルカルチャーの問題は、不処罰と承認拒否に対して、手近な手段で、リポストやそれ相応の政治的反応をしてしまうという問題であり、それが被支配の苦しみを長引かせ、抑圧、差別、支配のメカニズムを思い起こさせるという点にある。誰が誰を、何のためにキャンセルするのか。フットボール選手のコリン・キャパニックは、米国国歌斉唱時に地面に膝を突き、マイノリティに対する警察の暴力に抗議した二〇一六年のその日から、ナショナル・フットボール・リーグ（ＮＦＬ）のどのチームでもプレーすることが許されなくなった。また、雇用主の性的な誘いを断ったために、レイプされたり嫌がらせを受けたり解雇されたりしている、無数の女性たちについてはどうだろうか。彼女たちも、ある日最終手段としてSNSで「Me too」と発信する他には何の力もなく、無言のうちにキャンセルされてきたのだ。

キャンセルカルチャーも、おそらくこういうことなのだ。黒人が警官に至近距離から撃たれ、レイプとフェミサイドが増加の一途をたどるとき、不動の銅像や法の上に立つとみなされる「アーティスト」をつうじて示されるダブルスタンダードの正義に、ほとほと辟易し、人種差別とセクシズムを目にすることに疲れ果てている、ということなのである。

歴史と現在の関係、公の大きな物語と何気ない日々の出来事の関係は、多くの議論の源である。(28) 過去と現在の間に直線を引くこと、植民地化の推進者や警察の人種差別を称賛することは、あらゆるパーツから誤った系図をでっち上げること、知的怠慢によって因果関係を濫用すること、つまりは、時間を凍結し非歴史主義によって罪を犯すことなのであろうか。それとも逆に、トラウマとその症状の変化を注意深く分析することによって、アウシュヴィッツ＝ビルケナウ強制収容所のペディメントに刻まれた、哲学者ジョージ・サンタヤーナの有名な句に応えることなのだろうか――「過去を思い出せない者は、それを繰り返すことを余儀なくされる」。米国の歴史家クリスティン・ロスは、最近のインタビューの中で、より斜に構えた皮肉なアプローチを提示した。

過去は教訓的なものではありません。現在との関係は教育的なものでも、安定したものでも、固定的なものでもありません。過去は全く予測できないのです(29)。

この議論を煽り、公式な歴史に疑問を呈し、その否定と修正をし続け、ヒエラルキーに挑み、昨日と明日は何からできているのかを理解するため、より明晰になるよう駆り立てることは、少なくとも、キャンセルカルチャーの功績ではないのである。

原注

(1)「私は文化という語を聞くと銃を抜く」という有名な言葉があるが、これをゲーリング（Goering）のものとするのは適当ではない。実際にはこれは、ハンス・ヨースト（Hanns Johst）の戯曲『シュラゲーター（*Schlageter*）』（一九三三年）の一節である。

(2) Louis Guichard, « Jodie Foster, Palme d'or d'honneur à Cannes : "Aujourd'hui, beaucoup d'actrices écrivent et réalisent, ça change tout !" », *Télérama*, 6 juillet 2021 を参照。

(3) André Gunthert, « "Cancel culture" mode d'emploi », *Mediapart*, 8 mai 2021 を参照。

(4) « How Statues Are Falling Around the World », *New York Times*, 24 juin 2020 を参照。

(5) USA Today, 22 juin 2020 を参照。https://www.usatoday.com/story/news/nation/2020/06/22/theodore-roosevelt-statue-removed-museumnatural-history/3234153001/ /

(6) https://www.amnh.org/exhibitions/addressing-the-theodoreroosevelt-statue を参照。

(7) Jacqueline Lalouette, *Les Statues de la discorde*, Paris, Passés composés/Humensis, 2021, p.116.

(8) Emmanuel Macron : « La colonisation est un crime contre l'humanité », *Le Point*, 15 février 2017 を参照。

(9) Ernest J. Moyne, « Charles Linn, Finnish-Swedish Businessman, Banker, and Industrialist in Nineteenth-Century Alabama », *Swedish American Historical Quaterly*, vol.28, n°2, 1977, p.97-105 および J. Ross Browne, *The Land of Thor, Londres, Sampson Low, Son, and Marston*, 1867, p.239-240 を参照。

(10) Paulin Ismard, « La modernité s'est construite avec, et parfois grâce à l'esclavage ». 優れた著作 *Les Mondes de l'esclavage. Une histoire comparée*, Paris, Seuil, 2021 の出版に際し『リベラシオン』紙で行われた二〇二一年九月八日のインタビューからの引用。

(11) Jacqueline Lalouette, *op. cit.*, p.7.

(12) https://www.ugent.be/en/research/research-ugent/eu-trackrecord/h2020/msca-h2020/melodye.htm

(13) Enquête+, 24 juin 2020 を参照。 https://www.enqueteplus.com/content/statue-de-faidherbe-retrait-des-symboles-de-la-colonisation-dessp%C3%A9cialistes-appellent-%C3%A0-ne

(14) Fernand Braudel, « Les Responsabilités de l'Histoire », *Cahiers internationaux de sociologie*, vol.10, 1951, p.3-18 を参照。

(15) « Laura Nsengiyumva : « On devrait pouvoir vandaliser ces monuments avec poésie », *Libération*, 8 juillet 2020 および Counter-Memories, Ada Pinkston & Angela N. Carroll : https://www.youtube.com/watch?v=VIvoEUxCnpk を参照。

(16) Jacqueline Lalouette, *op. cit.*, p.100 を参照。

(17) Annabelle Georges, « Banksy propose de dresser une statue à la gloire de ceux qui abattent les statues d'esclavagistes », *Le Figaro*, 10 juin 2020 を参照。 原文はこちらに掲載のものと思われる。 https://www.cnn.com/style/article/banksy-edward-colston-statue-intl-hnk/index.html

(18) Entretien avec Françoise Vergès, France 24, 24 juin 2020 : https://www.youtube.com/watch?v=iis2MUKjizs を参照。

(19) http://restitutionreport2018.com/ を参照。

（20）Jacqueline Lalouette, *op. cit.*, p.46 に引用されている。

（21）Laurence Peter, « Pesticide Poisoned French Paradise Islands in the Caribbean », BBC News, 25 octobre 2019 および Florian Bardou, « Chlordécone : redoutée par les Antillais, l'hypothèse d'un non-lieu se confirme », *Libération*, 17 mars 2021 を参照。

（22）この問いについては、Malcolm Ferdinand の著作、とりわけこちらが参考となる。« De l'usage de la chlordécone en Martinique et en Guadeloupe : l'égalité en question », *Revue française des affaires sociales*, n° 1-2, 2015, p.163-183.

（23）Charlie Duffield, « Was Churchill a Racist ? », The I Paper, 25 juin 2020 を参照。

（24）Richard Toye, « Yes, Churchill was a Racist », CNN, 10 juin 2020 を参照。

（25）Carol Chomsky, *The United States-Dakota War Trials : A Study in Military Injustice*, 43 STAN. L. REV. 13 (1990) を参照。

（26）Abraham Lincoln, *Speeches and Writings 1859-1865*, Library of America, 1989, p.358 の英語原典は以下のとおり。« My paramount object in this struggle is to save the Union, and is not either to save or to destroy slavery. If I could save the Union without freeing any slave I would do it, and if I could save it by freeing all the slaves I would do it ; and if I could save it by freeing some and leaving others alone I would also do that. » フランス語への訳は著者による。

（27）Audre Lorde, *Sister Outsider : Essays and Speeches*, The Crossing Press, 1984 を参照。

（28）二〇一九年七月一五〜二〇日にかけ、『ルモンド』紙はこの問いに関する六つのエピソードから成る特集「過去は現在につながるのか（Le passé éclaire-t-il le présent ?）」を組んでいる。

（29）Kristin Ross, « Le passé est imprévisible », Ballast, 3 novembre 2020 を参照。この論文を紹介してくれたエリザベート・ルボヴィッシに感謝する。

※本テキストは、二〇二一年八月一三日（金）にラグラス・ブックバンケットで行われた講演のために書かれ

たものである。

訳注

1――米国社会を指す。
2――ウォーク（woke）は、近年の欧米で「差別や不公平を自覚した、目覚めさせてくれる」といったニュアンスで使われる語。
3――「エコ」と「ジェノサイド」を組み合わせた造語。環境および生態系の大規模な破壊行為を指す。
4――社会全体で共有され、価値観の拠り所とされるイデオロギーの体系。フランスの哲学者リオタールが『ポストモダンの条件』（一九七九年）で提唱した概念。
5――ルイ・フェデルブは、一九世紀後半のアフリカ大陸分割期のフランス植民地行政官、トマ＝ロベール・ブジョーは、植民地期の仏領アルジェリア総督、ジョセフ・ガリエニは、植民地期の仏領マダガスカル総督。
6――米国南部において、一八七〇年代から一九六〇年代まで存在した、人種の物理的隔離を定めた法体系。
7――米国の奴隷制度時代に始まった、サハラ以南のアフリカ系の祖先が一人でもいれば（黒人の血が「一滴」でも流れていれば）、黒人とみなすという法的な人種分類の原則の通称。
8――フィリップ・ペタン（Philippe Pétain）。フランス第三共和政最後の首相およびフランス国（ヴィシー政権）の主席を務めた。ナチス・ドイツへの協力者であったとして批判を受ける。
9――フランス第二三代大統領ニコラ・サルコジの支持者。
10――フランスの法体系において、大統領や政府が下す政令。このデクレは同年八月一〇日の王権停止を受けて下された。

11――ジュール・フェリーはフランスの政治家。一八七九年から一八八二年にかけて諸内閣で文部大臣を務めながら、教育から宗教性を払拭し、無償・義務教育の理念を打ち出した「フェリー法」を成立させ、フランスの公教育の根幹を築いた。

12――一六八五年にフランスで制定された、アメリカ諸島における黒人住民の奴隷化とカトリックへの改宗を目的とした法律。

13――フランス語で「意味」を表す語は sens。

14――イコノクラストとは、イコノクラスム（宗教的象徴物、イメージ、モニュメントなどの破壊）をする者、またはその行為を支持する者。

15――一九八〇年代、ニューカレドニアでフランスからの独立をめぐる機運が高まり、激しい動乱が起きた。それを受け、フランス政府は住民投票を実施。一九八八年に自治拡大を約束するマティニョン協定が成立した。この協定は、独立派の社会主義カナック民族解放戦線（ＦＬＮＫＳ）代表チバウと、ニューカレドニア出身の議員で保守派リーダーのラフルールとの間で交わされた。チバウは翌一九八九年、独立過激派により暗殺された。

16――フランス革命初期の中心的人物であったミラボーは、一七九一年に死去し、国葬の後パンテオンに埋葬された。翌一七九二年、宮殿にあった国王の鉄の戸棚から、ミラボーが国王ルイ一六世から多額の現金で買収されていたことを示す書類が発見され、その遺骸は一七九四年にパンテオンから除外された。

17――一九世紀後半、ウィリアム四世の騎馬像が建てられる予定であったが、資金難のため実現しなかった。

18――夜通しで行われるアート・イベント。二〇〇二年に初めてパリで行われ、現在は世界中の一二〇以上の都市で開催されている。

19――ベケとはヨーロッパからの初期の入植者の子孫および彼らと地元民との混血家系のこと。少数だが、今なお富裕層の白人系ブルジョア階級を形成している。

20——非自由主義的民主主義（illiberal democracy）。制度的には民主制だが、実質的には自由が制限されている政治体制。疑似民主主義、空の民主主義とも呼ばれる。

第三章

ゼムールの言語

「反移民」を掲げて二〇二二年のフランス大統領選挙に立候補した極右ポピュリストの政治評論家エリック・ゼムールの差別的言説は、なぜ支持を拡大しているのか。メディアはそれをどのように増幅してきたのか。政治言説分析の専門家であるセシル・アルデュイが、ゼムールの言語に潜む暴力と虚構の世界を暴き出す。

セシル・アルデュイ

眞下弘子 訳

パリ、二〇二〇年三月。最初のロックダウン。通りから人影が消えた。沈黙が支配している。エリック・ゼムールがたった一人、誰もいないパリを歩く。彼の頭の中にはどのようなイメージが浮かんできたのだろう？「ヒトラー、オープンカーの上に立ち、コンコルド広場からアンヴァリッドを散策し、快楽と放蕩で退廃した首都を目の当たりにして、戦勝を誇る自らの軍隊の最下級兵と同じように、あっけにとられるヒトラー。そこは彼が征服したいと夢見ていた街、その破壊を自身が命ずることになる街（…）」。

彼の言うことを信じるためには彼の文章を読まねばならない。パンデミックによって無人となった首都の白いページの上にエリック・ゼムールが投影する最初の心的イメージ、それは……ヒトラーである。「パリ」を見て「ヒトラー」を思いつくという最初の反応に飽き足らず、彼はすぐさまこの征服者の場所へすべり込んでいく――「私は赤と黒の巨大なハーケンクロイツが垂れ下がっているのを見たような気がした」。猥雑な自己同一化。「空っぽのパリは私がそれを征服したかのように私のものとなっていた」――自らのすべての文章を支配と戦争で彩る強迫的な想像を膨らませて、彼は、さらなる夢想に耽《ふけ》るのだ。

そしてこの論争家はそれを滑稽だと思う――「私は自分のおぼろげな記憶を笑った」。彼は自分自身の思いつきをぼやかすために急いで典拠と記録簿を次のように混ぜ返す。「私の記憶は『パリは燃えているか』の中を彷徨《さまよ》っているのか？　それとも『大進撃』なのか」[訳注1]。やれやれ、最初に出てきたあの唖然とさせる幻像は、実際には無邪気な大衆映画から生まれたものだったのだ。したがって大したことはない、ここに読み込まなければならない、潜在意識を刺激するような政治的な内容は何もないのだ、ただ、おそらく誇張された、要するに誰もが共感するような、ルイ・ド・フュネスを好む傾向があるだけだ。あるいは、いかにして恐怖をグロテスクへ変換するか（二〇二一年一〇月、ミリポルの国家安心・安全国際見本市で彼が「笑いをとるために」軽機関銃をジャーナリストたちに向けたときのように）、ということだ。効果抜群の心的で修辞的な操作、つまり、まず、ナチスによるパリ占領という集団的トラウマの場面を前にして身を固くする読者の、爬虫類的な脳を活性化してから、次に共犯的で開放的な笑いという代償作用の楽しみを十分に与えてやる、というものである。怖がらせてから笑わせる、恐れおののかせてからふざける、いずれの場合も本能的な情動を引き起こすわけだが、そこには思考回路をショートさせるという一つの目的がある。

　エリック・ゼムールは、自身が認める第三帝国に対する強迫観念（「私の頭から離れない最初の考え」）を嘲弄するが、それは自分を誹謗中傷する者たちの不意を打ち、この観念の不都合な部分をあらかじめ最小限にとどめておくためである。しかし、ヒトラーのイメージを視覚的に押しつけておいて、後からその影響力を緩和すること、それはこのイメージを日常化させ、順化させることである。しかもこのコラムニストの筆によれば、ヒトラーはそれほど恐ろしい存在ではない。彼は旅行者として「散策し」、「放蕩」と「快楽」によって評判を落として「退廃した」ある街を前にして「あっけにとられる」。そしてこのとおり、エリック・ゼムールはわずかばかりの言葉で、一九四〇年の、元帥閣下によれば「享楽の精神」のせいで引き起こされたフランスの降伏の、ペタン派的解釈を醸成してしまうのだ。坑道戦はここで終わりではない。ヒトラーとペタンは突然、ド・ゴール将軍とテレスコーピング[訳注3]によって互いに嵌め込まれてしまう。ド・ゴールがパリ解放の際に行った記念すべき演説は、一文が改変されて（まずもって綴りの誤りによって）歪曲される――「パリは占領された、パリは屈辱を受けた、しかしパリは解放された[訳注4]（Paris occupée, Paris humiliée, mais Paris libérée［原文ママ］）」――このように論争家はそらんじながら、そのついでに原文の頭語反復を台なしにしてしまうのである。(1)

ヒトラーを猿真似し、ペタンを敷衍し、ド・ゴール将軍のふりをしてそのイメージをずたずたにし、これらを寄せ集めて悪夢の場面ときわどい冗談とが混ざった「グルビ・ブルガ[訳注5]」にしてしまうこと。前出の『フランスはまだ終わったわけではない』（二〇二一年）からの抜粋は、彼の他の多くの著作と同様にこうした混合物であり、このごた混ぜの中でエリック・ゼムールの言語は、私たちの集団的記憶を痛めつけて、言語の毒を蒸留していくのである。彼の言語は読者をその環の中に閉じ込め、暴行したり愛撫したり、怖がらせたり楽しませたりと、両方を交互に使いながら、歴史的理性をこき下ろして価値観を混乱させる。この随筆家は、自己愛とほのめかしに満ちた逸話の力を借りて、征服者のリーダーなら誰であれ、おかまいなしにその前では驚嘆すべきだとする、極右の想像力を植え付けてくる。話題になった「文化戦争」について、最新作の序文でその戦いぶりを詳述してプロパガンダに躍起になるエリック・ゼムールは、私たちの集団的想像力により巧みに刷り込みを入れ、有無を言わさず自らのイデオロギーのフィルターをかけるために、まずショックを与え、それから言い逃れをするという方法をとるのである。

ほとんど行き当たりばったりに開いたこれらのページの中にすべてがある。暴力で充満した精神世界、戦争に対する病的な魅惑状態、死、征服と支配、カリスマ指導者、公文書と大衆映画が同一の価値の典拠となるような歴史的参照事項の陳列、ド・ゴール将軍の言葉を朗々と吟じながらもペタンの教訓を示唆するほのめかし、一部を削除された引用、出来事の今日性を把握できず、現在を過去の繰り返しではなく変化として考えることのできない無能さ。

そしてまさに目をくらませるほど明白な盲点、それは、このパンデミックの初期に、患者たち、喪に服す人々、家族、医師たち、看護師たち、貧しい人々、いきなり脆弱になってしまった私たち人類のすべてを思いやる気持ちがひとかけらもないということだ。否、そうではなくて、ヒトラー、ペタン、ド・ゴール、ブールヴィル[訳注6]とド・フュネス、こちらがエリック・ゼムールの夢見る光景なのである。

二〇二〇年三月のパリが彼の前にある。歴史の中で唯一の、前代未聞の出来事が、彼の眼前で展開し、私たちの生活を変えつつある。しかし彼の見ている光景は、首都に見とれている総統の「アーカイブの古い映像」、そしてそれに続くページの中の、彼が愛してやまない英雄的過去から引き出してきた病的な幻想の数々（ギロチン、バスティーユ占拠、ボナパルト、瀕死のモリエール[訳注7]）なのである。同時代人のことは全く彼の頭にはない。なぜならエリック・ゼムールは一つの代替世界に、そこでは死が英雄的で文学的なものでしかあり得ないような、燦然と輝く神話的過去に住んでいるからである。「住民の不在はパリを現在から引き離し、彼女［パリ］を過去へと引き戻す」と、彼は説明する。姿を消したパリの人々は格好の言い訳になる――ロックダウンだろうが何だろうが、生身のフランス人と具体的な現実は彼のすべての著作において重大明白な不在なのだから。

それでも彼のフィクションは人を惹きつける……なぜなのだろう？　この論争家の著作活動とメディア露出の一五年間に潜入してみると、言葉による影響力を徐々に強めていく過程をつくり出した、その一連の手法を突き止めることができる。語彙、文法、文体、調子、引用や思考の比喩形象といったものが、世界と存在者たちにかかわる二項対立的ビジョンを言語そのものの内に吹き込み、人々の情動を操作するのだ。その言説は首尾一貫し、構造化され、それ自身の内に閉じた、科学性と真実の体裁を装った、一つの代替世界をつくり出す。その言説はあらかじめあらゆる他の思考を無効にしたうえで、あらゆる議論を取り消しにしてしまうのだ。

自らが請け負う「文化戦争」において、エリック・ゼムールは言葉を武器のように用いる。そしてその武器をまず言語そのものに向ける。極右ナショナリストの、大して独創性のない権威主義的で外国人嫌いの言語資料の集積から引き出してきた、明示的な主題や主張のそのさらに先で、彼は言語活動それ自体に無理を強いるのである。狡猾なやり方で、私たちの共通善や思考能力を土台から掘り崩そうとする。そして、彼の言説は伝染する。それは議論を組織化し、会話の中に入り込み、言表可能性や信憑性を操作し、前例のないやり方でメディアや政治の表面で拡散していくのである。

したがって、エリック・ゼムールが言語に対して、私たちの言語に対して、何をしようとしているのかを、詳細に調べることが喫緊の課題となる。

言葉の暴力

エリック・ゼムールの世界は暴力の世界である。「戦争」「死」「敵」「恐怖」「武器」「闘争」が彼のテキストに充満している。彼の著作の中で三番目に多く使用されているのが「戦争」という名詞であり、この段違いの使用頻度の高さは、二〇二二年の大統領選候補者である彼を政治の他の当事者たちから大きく引き離す。彼の最新刊の著作を見てもそれは明らかであるが、それでもこれは二〇〇六年から二〇二〇年までの平和なフランスの時評なのだ。こうした過剰さが翻訳する、というより何よりも、思考の唯一の枠組として押しつけてくるのは、すべての人間関係――個人、性別、国民の間の――は、支配のための紛争や闘争に基づいているのではないか、という考えである。それはどんな時代であろうと、どんな規模であっても変わらない。国家も個人も、相手に対して自己を主張することでしか存在しない、ということだ。これらを定義づけるのは、たった一つの存在論的選択のみ、すなわち、勝利するか、さもなければ征服されるか、のいずれかである。この毒に満ちたビジョンは、エリック・ゼムールが『第一の性』（二〇〇六年）の中で、「恋愛の」と呼ぶのもためらわれるような人間関係について自身の信条を漏らすときに、とりわけ際立ったものになる――「男らしさと暴力は相伴う。男は性的捕食者であり、征服者である」。あるいはより下卑た表現によるなら、「男子は口説き、襲いかかり、そして征服する。男子は手に入れては捨てる」[訳注8]。

彼が新聞の社交界消息欄で詳述しているように、自身の人生において、会話は毎回一つの勝敗を争う試合であり、出会いはそれぞれが一つの挑戦であり、人間関係はその都度一つの力関係である。ここでは彼の「敵」は「イデオロギー砲」で「爆撃」され、敵側の論拠は「一斉射撃」を受けて退却させられる。絶え間ない「文化的戦闘」において、一人の「兵士」となって舞台に登場するエリック・ゼムールは、政治を、死を賭けた戦闘としてしか考えようとはしない――「政治の本質はエロス［愛］、すなわち有権者と支持者の欲望をかき立てることであり、そしてタナトス［死］、つまり敵を殺すことである」。この絶えざる死の衝動は、一九九〇年代のジャン＝マリー・ル・ペン[訳注9]の言説とは大きく異なる。ル・ペンは当時、危険人物として排斥された。クラッシュとバズの時代になって、エリック・ゼムールのほうは、たちの悪いメディア的産物ということになる。

　うんざりするほど執拗に繰り返されるこの暴力的な言葉づかいは、情動的で認知的な二重の結果をもたらす。第一には精神病的な雰囲気をつくり出すということだ。エリック・ゼムールを読むこと、それは黙示録的な世界に潜り込むことであり、ここでは人々は自宅から一歩外へ出るや否や、殴打され、暴行され、強奪される――「通りや地下鉄で盗難、暴行、襲撃に遭わない日は一日としてない。（…）自分の地区の警察署が攻撃され、学校が焼かれ、警官たちが襲撃され、（…）消防士たちが投石され、医者たちが脅迫され、先生たちが侮辱され、若いフランス人女性たちが暴行され、若者たちが傷つけられ、ドラッグの密売人たちが逮捕されて釈放され、RER急行鉄道網の乗客たちが痴漢に遭い、強盗に遭い、中学生たちが『卑劣なフランス人』扱いされ、高齢男性が泥棒に入られ、高齢女性が虐待され殺害される、こうした事件のない日は一日としてない」――『フランスはまだ終わったわけではない』の最初のページから、アドレナリンの噴出だ。もはやカラシニコフ銃を持って立てこもるしか……そして抑圧的権力に投票するしかない。民衆を恐怖に陥れることが、閉じこもりへと駆り立ててくるこの言説の妥当性について熟慮することを封じ込めるための、最良の方法なのだ。

　二番目の結果、それは、この暴力的な空気は蔓延し、各々自分の陣営を選択しなければならない、という考えを、潜在意識に働きかけるやり方で人々に植え付けてしまうことだ。そこにあるのは敵か味方のみ、あるべき対話も、妥協も、共存も、平等も、尊重もない。ダーウィン的であり同時にニーチェ的でもあるこのビジョンにおいては、生き残るためには、象徴的に（男はその男らしさを再び肯定しなければならない）、政治的に、あるいは軍事的に、他者を粉砕しなければならない。言語活動の総体を、戦争の語彙の中に巣食う短絡的な反対命題へと還元して、エリック・ゼムールは、生き残りと死を賭けた、和解不能な敵対関係をつくり出す。マリーヌ・ル・ペン[訳注10]との対話の後に彼は、誰も自分と同じように二〇二二年の大統領選の「争点」が「自分たちが経験しているようなフランスの死」（彼が示すその証拠はフランス映画の変遷の中にある――「事実に気づくためにはその時代の映画を見れば十分だ」）にあることを理解していない、と嘆く。「社会の浄化」（地元の小さな商店がその犠牲者だ）、「消滅」（国民や父親、国境が消え去る危機にある）、「処刑」、虐殺、略奪、それだけが彼の言説のすべてである。そうして「西洋の異性愛者の弱小白人男の父権性の死が、西欧世界の死を証する」。たったそれだけ。このような文体が、不安を引き起こす病的な、絶えざる衝突と存在論的な苦悩という妄想を形づくっていく。

ところで、ジャック・エリュルが分析したように、「現代的なプロパガンダの目的は、もはや思想を修正することではなく、一つの行動を引き起こすことである。それは今では、ある教義への忠誠を変えさせることではなく、行動的なプロセスの内に道理もなく引き込むことである。もはや一つの選択をもたらすのではなく、反射神経を作動させることだ(2)」。ゼムールの言語はフランス人を行動することへと構えさせる。投票せよ、それだけでなく、自分の身を守れ、あるいはさらにもっと。言語に対する暴力は、実際に現実のものとなるだろう将来の暴力を準備するのだ。マリオン・マレシャル[訳注11]が二〇一九年九月に開催した右翼会議においても、エリック・ゼムールはとても明快だった――「フランスの若者たちは、自分たちの先祖の土地で少数派として生きることを受け入れるのだろうか？もしそうなら、かれらは植民地化されて当然だ。そうでないと言うのなら、かれらは自身の解放のために戦うべきだ」。

「人種」概念を凡庸化する

というのも、この論争家が流布させようとしているのは、「来たるべき内戦」という考えだからである。この「内戦」を「人種間の戦争」として考えるよう私たちに習慣づけること、それをエリック・ゼムールの言語はもくろんでいる。エリック・ゼムールのもう一つの語彙的特異性は、まさに、「人種」の概念に対する彼の強迫観念にある。自身で「最大のタブー」と形容するこの言葉を、彼は、『第一の性』が出版された二〇〇六年から二〇二一年までに発表された七つの主要エッセイの中で、一三五回以上も使用している。「外人嫌いだが（…）決して人種差別主義者ではない」と自認する人間にしては、この数は多過ぎであろう。比較として例をあげると、二〇一二年から二〇一七年まで、マリーヌ・ル・ペンは二回、両方とも他人の発言の中でこの言葉を告発するために用いている。彼女の競争相手たち（ニコラ・サルコジ、アラン・ジュペ、フランソワ・オランド、ジャン＝リュック・メランション）[訳注12]は一度も使わなかった。ジャン＝マリー・ル・ペンでさえ、使用は相当控え目だ（一九九〇年と二〇〇七年の著作や言説の中で二〇回ほど）。

エリック・ゼムールはといえば、言葉と物を社会復帰させることを目指して、辛抱強く私たちの言語と想像力を象《かたど》っていく。まず問題の用語を少しずつ植え付けながら耳を慣れさせ、政治的な言語におけるその影響力に私たちを順応させて、用語を日常化していく。反復効果は読者の警戒を徐々に解いていく。「ショック」を与える奇抜な語が反応を引き起こし、語の連禱が反応力を枯渇させる。当の単語はもはや注目に値するものでも、人目を引くものでもなくなってしまう。この単語は日常語になる。なぜなら、論争家はそれを使用し濫用しながら、視聴者の多いプライムタイムに無理やり押しつけてくるのだから。それはセルゲイ・チャコティンが『大衆の強奪――全体主義政治宣伝の心理学』（一九三九年）で描いた、繰り返されるプロパガンダに直面した際の「精神的疲弊」という現象である。同じスローガン、同じ思想を何度も聞かされることで、批判意識はしまいには、すでに過去によってそれは検証済みであるはずだ、「何度も繰り返されるのだから、そのメッセージの正当性はすでに立証されているはずだ[3]」と確信するに至るのである。

　第二の戦略、それはショアーの後に生まれた現代人が感じている良心の呵責を知らない、過去の偉大な作家たちからの引用の陰に隠れることである（「グレート・リプレイスメント」[訳注13]の理論家ルノー・カミュと同様に、ゼムールは、ナチスがこの言葉を使ったからという口実で「人種」について語れなくなってしまったことに不平を漏らす。このとき彼は、今日この言葉が疑わしいものとされているのは、まさにそれがヨーロッパのユダヤ人虐殺を構想し先導することを可能にしたからだ、ということを語らずに済ませてしまった）。そして彼は、エルネスト・ルナン[訳注14]、ジュール・ミシュレ[訳注15]、シャルル・ボードレール[訳注16]、ディズレーリ英国首相[訳注17]、ジュール・フェリー、ウッドロウ・ウィルソン[訳注18]、そしてとりわけド・ゴール将軍を味方に加えて、以後まさしくその意味と含意までを変えてしまうことになった一つの概念を、受け入れ可能なものにしようと企む。その暗示的な三段論法は途方もないものだ――ド・ゴール将軍は「黄色人種のフランス人、黒人のフランス人、褐色の肌のフランス人」そして「白色人種」について語った、ド・ゴールは偉大な人物である、したがって、私たちは「人種」について語ることができる。これは情動の転移や権威の移転による操作と呼ばれるものである。つまり、好ましい人物あるいは承認された権威の形象に結びついたメッセージをつくり上げることで、問題のある意見を了解可能なものにする、というやり方だ。

同時にエリック・ゼムールは、この概念についての批判的で根拠の確かな検証作業を、私たちに代わって行うふりまでするのだ。そこでは彼の言説は、自身が召喚する諸テキストをたいていは酷評しているにもかかわらず、「大昔」（ルナン、バンヴィル、ヴォルテールの議論）に遡る歴史的論議の形をとることになる。彼は二〇世紀初頭の歴史家ジャック・バンヴィル（二一世紀を理解するにあたり異論の余地のあるナショナリストで君主主義者の作家）を引用するのが大好きだ――「フランス人は一つの人種でも一つの帝国でもない。かれらはそれ以上であり、かれらは一つの国民だ」と記憶を頼りに引用する。この記憶は選択的である、なぜなら引用元の文章はもう少し利用されにくいものであるから――「フランス人民は一つの複合体である。一つの人種以上のものだ。それは一つの国民である。幸福な多様性だけをそのまま残して、混交は少しずつ形成された」。「多様性」と「幸福なアイデンティティ」の早過ぎた主唱者ジャック・バンヴィルというのでは、エリック・ゼムールの差異主義にはそぐわないのだろう。それゆえゼムールは、自分の偏執的思考に役立たない部分をさっさと排除してしまうのである。

国民と「人種」についての長い解説のページが、科学性という幻想をつくり上げていく。エリック・ゼムールは読書家で教養がある、ゆえに彼は真面目な人間だと言うのか？　いや、そうではない、彼は怠慢である。彼は恣意的なコピー&ペーストを行い、疑わしい二流の著作家たちを模範として役立てる（「征服する人種」と「征服される人種」という自説を正当化するためにフランスの歴史を小説化した、一九世紀の「歴史家」オーギュスタン・ティエリーや、フィリップ・ペタンの閣僚たち、反ユダヤ主義のリュシアン・ルバテやロベール・ブラジャックなどの作家）。彼は矛盾した発言を行い、論理を侮辱する――「ブルグント人、ゴート人、ロンバルド人、ノルマン人の男性は同じ種族の女性をほとんど妻に持たなかった」というエルネスト・ルナンの指摘を受けて、ガリア人と侵略者の間の「異人種間結合」を称賛する一方で、他方では、フランス人と「アラブ系ムスリム」との間には今日「混血崇拝」があるとして、これに激しく抗議するのである。やはり、この論客には思考力としてのロゴスに問題があるようだ。饒舌はイエスだが、論理はノーである。しかし彼のテキストの形式（引用の数々、「衆知のとおり……」といった言い回しの反復、日付、敷衍）は、この著者が「人種」概念の有効性についての決定的な検証を済ませている、という錯覚を引き起こす。それは、自身の政治的プロジェクトを進めていくために、この著者にはぜひとも必要な、曖昧ではあるが修辞的には効果的な一つの概念なのだ。

というのも、彼がいくら「同化」を推奨し、フランス国民は出発点の異なる民族の織物（エリック・ゼムールは、再度「人種」という考えをすべり込ませるために、これを自ら「人種と民族の混交」と呼ぶ）で構成されているのだと、エルネスト・ルナンと共に指摘してみたところで無駄なのであり、彼のフィルターは一貫して出自の、さらには「遺伝子」（クロード・レヴィ＝ストロースに言及して彼が言う「このアルザス系ユダヤ人の身体と遺伝子の内に刻み込まれた伝統」）の、決定論のフィルターなのであるから。彼のテキスト群はアイデンティティに関する、民族的な、人種的なあるいは宗教的な語彙で満ちあふれ、これらの概念はページを繰るごとに寄せ集めとなって無頓着に混ぜ合わされる――「ユダヤの」は彼の著作の中で一六番目に多く用いられる形容詞（「社会の」または「経済の」よりも多い）であるが、「アラブの」（三七番目）、「白人の」（三九番目）、「カトリックの」（四〇番目）、「ムスリムの」（四一番目）もまた、過剰に出現する表現である。これらはすべて、純然たる植民地主義の文体による、人種差別的な定型表現をあちこちに配している――オバマは「エレガントで、上品、純血種で育ちがよく、ネコ科の動物のような身体を持つ」。人気俳優オマール・シーについては彼の「ネコ科の動物のような、筋肉隆々の身体、おめでたい微笑み、空虚なまなざし」を、反人種差別の活動家アッサ・トラオレについては彼女の「漆黒のぼさぼさ髪」を強調する。邪気のない喜劇を観る際にも、彼は人種差別主義の色眼鏡をかける。『ヴェルヌイユ家の結婚狂騒曲』[訳注19]という映画は「喜んで気分よく〝グレート・リプレイスメント〟を認可している［かのようだ］」。オリヴィエ・ナカシュとエリック・トレダーノによる大ヒット映画『最強のふたり』はといえば、これは一つの「たとえ話」であり、「金持ちの、だが身体的にも精神的にも麻痺したヨーロッパが、アフリカの援助に身を委ねるなら救いを見出せる、というものだ。この映画の真の意味は、躍進する人種による衰退する人種の再生である。白人は黒人の重荷になった」。ここで気づくのは、「人種」という用語は今では引用符なしで使えるほど、既定の、凡庸化された作業概念としてみなされるようになったということだ。

エリック・ゼムールは、「人種差別主義とされているフランス」の名誉を救うために時間を費やす。彼が守ろうとするのは、「取り替えられたくない」と思っているだけで責められる、「ボフで人種差別的なデュポン・ラジョワ」（またはときどき、「人種差別的で女性嫌いのボフ」、あるいはより網羅的変種としてゼムールの言う「愛国心の強い中流フランス人男性で、アルコール中毒、人種差別主義者でマッチョなボフ」）なのである。[訳注20] しかし彼の弁護はもっぱら、自分の対話者を組織的に出自に帰属させ、かれらの肌の色を強調しながら、「人種」概念の名誉回復を図ることにある。「私だけが自分が見ていることを言い、それを考えるたった一人の人間だということが、気にかかる。この緩慢な、阻止できない人口の沈滞のことである」と彼は打ち明ける。ほらこのとおり、エリック・ゼムールは、フランスを眺めて「我々とは違う人々」を見る。だが彼はこのかなり単純化した人種主義を、フランスの歴史に関する叙情的な高揚と博学な引用とで包み込んでしまい、賢者《マギ》や「知識人」という姿勢をひけらかしにかかるのである。

言語に対する暴力——意味を溶解＝解体させる

「言語戦争を軽視してはならない」とエリック・ゼムールは警告する。しかと承った。彼は実際に言葉による戦争に身を投じる。だがこれは言語に対して仕掛ける戦争だ。『フランスの自殺』の著者は、最悪の事態を想像させて現実にそれを引き起こすことさえした、いくつかの用語を再び普及させることでは満足しない。彼はまた、自身が軽蔑する共和主義的で人間主義的な遺産の正当性を弱めるために、邪魔になる言葉の意味をねじ曲げることに躍起になるのである。それは、意味の最も狡猾な逆転から、ある種の価値に対する体系的な転覆の作業へと向かう。彼の考え方は二項対立的なので、時折かなり大胆な鏡の修辞的戦術の中で、意味の純然たる反転がしばしば現れてくるが、そこでは被支配者は実際に支配者となり、その逆もまた起こる。こうして『第一の性』の著者はあたかも既定の事実であるかのように（これに異論を唱えるすべての統計資料があるにもかかわらず）、一九九〇年代以降、「女性たちは至るところで幅をきかせ、政治や企業では男女同数《パリテ》のことしか語られない。（…）女性的価値が社会を支配している」と断言してはばからない。それはこの著書が唱える説そのものでもある――一九七〇年代以降（実に日付はページを繰るごとに変わる）、我々は「都市の、母権制の、反人種差別主義の新たな秩序」の中で生きているのかもしれない。なぜなら、「父親の権力が法によって打ち倒されたときから、母権制が君臨している」のだから。社会学的あるいは経済学的な何らかの事実によって検証されることを全く必要とせずに、大げさな箴言の数々を陳述することができるのは、重大な「人類学的変異」を断言する主張の利点である。私たちが「事実上の母権制」の内に生きていることを確証するためには、一九九二年のセクシャルハラスメントに対する法律（この論客によって「欲望の司法的監視」と改名された）さえあれば十分なのだ。「母権制」または「支配」といった語はもはやここではこけおどしの言葉でしかなく、もともとの意味は脱水され干からびてそこから出てくるというわけだ。

鏡の中の反転の例として、「全体主義で自由侵害の」（二〇二一年、強調は本文著者による）自由主義、そしてとりわけ「植民地の被支配者《コロニゼ》」と「入植者《コロニザトゥール》」の対をあげることもできる。ゼムールは植民地化の「文明化の使命」という説に同調し、それに関するあらゆる「良心の呵責」を徹底的に攻撃する（「フランス領アルジェリア総督ビュジョーがアルジェリアに到着したとき、彼はまずムスリムを、そして一部のユダヤ人までをも殺戮することから始めた。さて私は今日、ビュジョー総督の側に立つ。フランス人であるというのはそういうことだ」Cニュース、二〇一九年一〇月二三日）。しかし奇妙な三角構造によって、彼は「植民地化」の否定的な意味合いを利用して、これを移民反対の主張へ裏返してしまおうともする。これは「逆 - 植民地化」あるいは裏返しの「侵攻」の主張である。手品のようなトリックによって、エリック・ゼムールは「植民地《コロニー》」という語の表現を和らげるためにギリシャ語の仮想的語源まで遡り、そして、マグレブとアフリカから来た若者たちが住む場所として、彼が前もってさっさと民族的統一化を済ませておいた、都市部郊外の大衆地区「カルティエ」を公然と非難するために、この語を単なる土地の侵略へと還元してしまう（現代的意味が持つ地政学的、経済学的で覇権主義的な側面にはおかまいなしに）。「古代、マルセイユなど地中海沿岸周辺に群れを成して生活していたギリシャ人の集団を指すために形成された〝植民地〟という語は、現代ではフランスの大都市の郊外における移民の若者たちの、劇的に進行する定住化に相当するように思われた」（『フランスの自殺』）。この語源的歪曲は、恐るべき意味合いを含んでいる――それが想定し、そして根付かせようとするのは、こうした「若者」がこれまでずっと、そしてこれからも永遠に外国人である、という考え方である。かれら若者の出自は一つの決定論である。エリック・ゼムールは「～出身／～から来た（venus de）」という定型表現の曖昧さを逆手に取って、たとえかれらがフランスで生まれたフランス人であったとしても、かれらを永久に外国人にしてしまおうとするのだ。

しかしながら、「植民地」という語は、人口の一部の排除以上のことをやってのける、つまり、その異邦性を威嚇的で敵対的なものにしてしまうのだ。この語は自らの後ろに、植民地化の意味論的領野と集団的想像力――エリック・ゼムールが想起させようと心を砕くあれら虐殺の思い出の数々――を引きずっていく。それはジャン・ラスパイユ[訳注21]の『聖人の野営地』を彷彿とさせるイメージを呼び起こし、「人種戦争」を再び予告することを可能にする――「逆‐植民地化の枠の中で、対抗‐社会が少しずつ対抗‐民族を鍛造していく」。逃れることのできない暗黙の論理によって、もしこれらの「マグレブとアフリカから来た若者たち」がフランスの中の「植民地」に根付いたのだとしたら、それはまさにかれらが映画監督ラシッド・ブシャレブ[訳注22]（「彼は移民ではなく入植者の態度をとっている」）に倣った「入植者」だからだ、ということになる（『フランスはまだ終わったわけではない』）。あとはもう、反植民地主義作家フランツ・ファノン[訳注23]を、一文を曲解したうえでうまく利用すればよいだけだ――「植民地の被支配者は常に迫害者となることを夢見ている被迫害者だ」。つまり、いかにして、鏡の修辞法から政治的利点を引き出し、反植民地運動が「植民地化」に付加した軽蔑的な意味合いを、この語の正確な意味を取り去りながら幻想に仕立て上げるために、都合よく利用するか、ということだ。

　言語記号がその原義から言わば「引き剝がされ」て、他の、しかしながら不適当な対象の上にまた貼り付くといった一連の操作に加えて、エリック・ゼムールは、破壊的な比喩または価値を貶めるような揶揄によって、言葉の意味を疲弊させる作業にとりかかる。一部の語は比喩的な誇張の圧力で押しつぶされる。この論客の反動的な保守主義と対立するなら、どんな思潮あるいは社会現象にも適用されてしまう「全体主義」という語がその例である。そうして、禁断の性的アバンチュールと不貞行為を攻撃する「透明性の全体主義」の出番となる。その証拠を見せよう。あるテレビドラマで、妻が夫に言う――「秘密はもうなしにしようって言ったでしょ」。そして『第一の性』の著者は呼び出してくるのだ……スターリンを――「スターリンも秘密が嫌いだった。全体主義体制が機能するための第一条件は秘密をなくすことだ[訳注24]」。フェミニズムと学校の男女混成《ミクシテ》までもが、「全体主義」という大げさな形容を免れることはできない――「フェミニズムは全体主義の悪魔から逃れえない二〇世紀の〝主義〟である」、「我々は去勢的で全体主義的なミクシテの時代を生きている」。言語活動の悪用は政治上の標的に対して壊滅的な攻撃として働くが、標的と同じくらい言葉にもダメージを与える。「全体主義」という用語を正確な説明概念としてよりもむしろ一つの武器として用いることは、この用語を空中で爆発させるようなものだ。私たちの思考の兵器庫からそれを抜き取ってしまうことなのである。

　反対に、エリック・ゼムールは、誇張によるのではなく愚弄するというやり方で、また別の、制度や政治的イデオロギーの創設にかかわる重要な言葉から意味を抜き取ろうとする。彼は皮肉的な引用符を組織的に使用するが、それは「男女間の平等」「差別」「ヘイトスピーチ」「ムスリム共同体」「警察の暴力」等の表現に対して、その意味や有効性が存在すること自体を否定するためである（「〝警察の暴力〟、〝社会制度的人種差別主義〟、〝職務質問〟などによって警察が告発されない日は一日としてない」）。他者の言語の信用を失墜させること、それはあらゆる対話を拒絶し、あらゆる議論を排除して、正当な発話の唯一の資格が自分にあると思い込むことである。

　また、さらにエスカレートしていくエリック・ゼムールは、フランス社会と共和国体制の基盤を形成する諸価値を腐食させようとする。著書『フランスの運命』の中では、彼は法治国家そのもの、あるいはむしろ彼によれば「彼らが〝法治国家〟と呼ぶ聖なるイデオロギー」の上に酸をかけるのだ。この司法制度、なかでも国務院と憲法評議会に対するポピュリスト的な攻撃は、「神聖不可侵の平等」（共和国協定の柱であるはずだが）や、「人権宗教」とか「人権主義」などと彼が名称変更して呼ぶものに対する誹謗中傷と手を取り合って進む。他方では、「人間の尊厳」「共和主義的価値」「人権」そして「ショアー」さえも、あたかもこれらの表現が滑稽で貧弱、さらには欺瞞的でもあるかのように、皮肉的な引用符で囲んでしまう。この著述家はこうして、皮肉を込めて「〝我々の歴史の中で最も暗い時間〟を拒むことを自分の義務だとする西洋のあらゆる誠実な人間《オネットム》[訳注25]に不可欠の聖務日課」を引き合いに出しながら、対独協力活動や強制収容所を告発する言説を嘲弄するのである。皮肉は記憶を汚し、価値を非神聖化する。彼は、政治的に正しいものを冒瀆することで、たちの悪い笑いやほとんど加虐趣味的な喜びの側へと読者を組み入れていく。せせら笑いは皮肉を習慣づける。それは共感や批判意識を麻痺させてしまうのだ。

　私たちは、ヴィクトール・クレムペラーによる『第三帝国の言語』に関する指摘に思いをめぐらせずにはいられない。

> ＬＴＩ（第三帝国の言語）の内部では皮肉な使い方（引用符の使用）が中立的な使い方を数倍も凌駕している。なぜならＬＴＩはまさに中立性を嫌うから、なぜならＬＴＩは絶えず敵を持たなければならないし、絶えず敵をこきおろさなければならないからである。[訳注26]

ゼムールは、他者の言葉の存在を認めようとしない自給自足で反共和主義の、一つの言語を捏造するのだ。

物語／複数の歴史／つくりを語る

エリック・ゼムールは、文字どおりの意味でも比喩的な意味でも、物語を語ることに時間を費やす。[訳注27] 作家としてのキャリアの初期から、彼は説得の手段としての語りの様式を重視してきた。彼の著作としては社会的・政治的時評（『うぬぼれ屋の篝火』『役立たずの任期五年』『フランスはまだ終わったわけではない』）、あるいは歴史を扱う時代絵巻（『フランスの憂鬱』『フランスの運命』『フランスの自殺』）があげられる。これら二つのタイプに分かれる作品群は、それでもやはり同じジャンルから出てきたものである。寓話とプロパガンダだ。

彼の時評における寓話の部分は、一七世紀モラリスト[訳注28]の意味における道徳的・教訓的な目的に執着する、つまり、どの逸話も一つのたとえ話になっているということだ。たとえ話が明らかにするのは社会のエリートたちの、または現代社会の些細な欠点であったり、人類学的または人口学的な「重大な」「変異」であったりする。同性愛者をテーマにした一九七二年のシャルル・アズナブールの歌「かれらが言うように」はどうだろう？　これは「歴史的、社会学的、経済的でもある、ほとんど人類学的な変異を表している」。二〇一六年のユーロビジョン・ソング・コンテストにおけるフランス代表のイスラエル系フランス人アミール・ハダッドによる二ヵ国語のヒットソング「僕は探した」は？　これは「我々の国家的命運のたとえ話」である。ジョニー［・アリディ］までもが、「地政戦略学上の我々の衰退を象徴している」。イデオロギー的フィルターはこれほど無分別なものなので、エリック・ゼムールが肌の色に注目するいつもの決まりを破ってまで、ワールドカップでのフランスの優勝に歓喜するなどということは、サッカーでなければめったにお目にかかれない。まして「テクニックより体格のよさ」（知力より体力と読むべし）を重視し、「フランスの人口構成の大激変を象徴する」フランス代表チームが、「アフリカから来た堂々たる体軀」にスライディングタックルを仕掛けた後なら喜びはなおさらだ。

一七世紀モラリストのラ・ブリュイエールにおけるように、登場人物たちは、英雄か同じ陣営の者でなければ、いくつかの「タイプ」、シンボルあるいはカリカチュアへと還元されてしまう。歴史家パトリック・ブシュロン[訳注29]などは「外国人の足元にひれ伏すフランス人嫌いのインテリゲンチャの元型」である。ある日スカイロックFMの最高経営責任者ピエール・ベランジェと、その翌日に「グレート・リプレイスメント」の理論家ルノー・カミュと一緒に昼食をとれば、それは「あたかも一九四二年に、私が対独協力者そしてレジスタンス活動家と、相次いで会合を行ったかのようだ」ということになる。彼の社会時評家やニュースのコメンテーターとしての活動においてさえ、その内容は報道倫理から隔たった、偏向した読解の内にとどまる。だが逸話の絶対的影響力が、詳述される三面記事的事件の真実らしさのオーラを増強させる。テキスト全体は、拡大効果によって、実際には主観性と偏見が支配しているにもかかわらず、検証可能な出来事の現前によって有効性が確かめられたものとして、真実の色彩を帯びてくるのだ。個人に対する言葉による暴力（風刺、軽蔑、侮辱）は、知に対する、まず科学的分野としての歴史に対する暴力によって力を倍増させる。「歴史に関する」エリック・ゼムールの著書は聖人伝（聖人や王の人生を美化した物語）や教訓的作品、そして国民の物語に属するものである。『フランスの運命』の著者が自分のものだと主張する「国民の物語」という表現については、とりわけ「ロマン（物語）」という用語に留意しよう。エリック・ゼムールはフランスの歴史を物語化した改訂版を届ける、などというどころではない。クロヴィスからド・ゴールまで、偉業とそれに次ぐ凋落についての理想化した叙事詩を歌い上げる、マントと剣による一つの武勲詩の中に読者を没入させてしまうのである。その唯一の登場人物は偉大な人物と裏切り者だ（ジェラール・ノワリエルがその著書『筆の毒』[4]で指摘したように、この論客の時代絵巻の中にはフランス国民は存在せず、ただカリスマ的首領、ナポレオンのような「超人」に恋した者だけがいるばかりだ）。この論客は序列なしの雑多な「典拠」を寄せ集めるが、ここではジェラール・ウーリー（モリエールやド・ゴールの比較対象となる）の映画がしばしば学識に満ちた著作よりも高い信頼を得ている。

研究者たちはすでに、彼の著作の中にあふれ返る歴史の誤読、大ざっぱな推定や真実に反する事柄の数々を指摘していた。かれらは文献資料を根拠として、フランス革命やヴィシー政権に関する彼のいくつかの説を細心の注意を払って否定した。効果は全くなかった、というのも、公文書で神話と戦えるはずもないのだから。エリック・ゼムールが自分用に所持しているのは、空想の代償満足という強い欲求に応えてくれる、閉鎖された形の真実である。彼が送りつけてくるのは、失敗しなかった輝かしいフランスの神話と、偏見とありふれた憎悪についての、博識そうな見かけをした合理的な理由づけなのである。

ロラン・バルトがその著書『神話作用』において指摘するように、

> 神話はものごとを否定はしない。その機能は逆にものごとについて語ることにある。ただ、神話はものごとを純化し、無垢にし、自然と永遠性の中に置くのだ。神話はものごとに、説明の明晰さではなく確認の明晰さを与えるのだ。（…）歴史から自然へ移行することにおいて、神話は節約をする。人間の行為の複雑さを廃棄して、本質のもつ単純さを与え、（…）神話は幸福な明晰さを打ちたてる。ものごとはひとりでに意味を持つように見えてくる。[5][訳注30]

エリック・ゼムールは実際に、偶然や不測の事態や未知数のものを消し去って、自らが「人類の古い諸法則」と名づけるものがそこに明確に読み取れるような、一つの純化されたプロットを送り届けてくるのだ。

彼は最大限の合理性と読解可能性の効果を創出するために、自分のテキストを書式化する。語りの文法は、彼の教訓、いや予言とも言えるものの内に単純で明快な歴史の幻影をつくり出す。歴史の現在は、まるで私たちがその証人であるかのように、諸々の出来事を語る。歴史的現在は、反駁不可能な処世訓をぶつけてくる一般的な真実の現在と混じり合う。統辞法がその証明となる――現実と明白な事実を語る直説法が支配するのだ。ハラハラドキドキさせる冒険譚に誘導され捕らえられた読者のもとで、語りの罠の扉が閉まる——語られていることは起こったことであるに違いない、正しく語られていることは真実に違いない。典拠が怪しいものであったり、信憑性に乏しかったり、異論の余地があったとしても大したことではない、というわけだ。

政治的秩序は生物学の法則と同じくらい誤謬不可能で客観的な「自然法」によって規定されている、と公言した、反革命的ナショナリズムの思想的指導者シャルル・モーラス[訳注31]のように、エリック・ゼムールはあらゆる議論を締めくくるための決定的な真実を表明する——「歴史においては人口学の法則がつねに支配的である、ということはおわかりだろう」、「進化の法則（…）は人類の夜明け以来、人間の運命をつかさどっている」。その非人称的で断定的な物言い（「～を覚えているだろう」「～だからだ」「おわかりのように」「それは～である」「つねに」）によって、エリック・ゼムールはあらゆる文脈化を免れ、数世紀も隔たった状況の間をひとまたぎで飛び越えてしまうことができる。というのも、「フランスの歴史は繰り返す（いつも同じ料理を食卓で回している）」のであるから。

この著述家は一筆で、あらゆる歴史性やあらゆる文脈化と、場所、文化そして時代のあらゆる差異を否認してしまう。ルイ一六世が処刑されたのは「オーストリア人女性と女々しい移住者たちから影響を被ったから」（強調は本文著者による）、したがって女性はいつも政治に悪影響をもたらす。コソボは宗教紛争に蝕まれた国である、イスラム教とサラフィズム[訳注32]はセーヌ＝サン＝ドニ県で勢力を拡大している、したがって、「コソボはセーヌ＝サン＝ドニ県の、セーヌ＝サン＝ドニ県はフランスの未来の姿である」。ここは三段論法と一般化された類推の天下だ。この随筆家は歴史の偶然を無効にし、現在を過去の反復へと押し戻し、あらゆる進化、あらゆる進歩、慣習または諸決定論から解放されたいと願う集団または個人のあらゆる自由を、前もって断罪してしまう——あらゆる反対的論拠までをも。神話のために歴史を退去させるこの物語の中では、「自然」が運命を、とりわけ女性の運命を支配している（「ダーウィンの進化と生物学の法則は（…）人は女に生まれることによってのみ、女になるのだ、と証明している」）。誰が「自然」に異を唱えることができようか？

このように、時評であれ歴史的著作であれ、彼の物語はプロパガンダ言説の口実にすぎない。言説と物語との違いは、前者のタイプのテキストは、明瞭なコミュニケーションの状況において、他者に向けて語るある人間がその責任を担うものであるということ、つまり、視点の主観性は即座に察知され得る、明白な所与の条件であるということだ。物語のほうは事実を詳述し、著者が語りの陰に姿を消したような錯覚を与えさえすれば、物事をあるがまま眼前に繰り広げるように見せることができる。自らの説を申し立てるために語りという様式を選び、大文字の歴史を自然にしたがわせることで、エリック・ゼムールは自説を議論から逃れさせ、個人的見解の数々を真実であるかのように提示するのである。

反革命のための誤読

エリック・ゼムールはフランスの歴史を物語化するだけでは満足しない。理想化された過去についての称賛だらけの書き直しは、それに異論を唱えるようなページを削除すること、それが無理ならページを上から落書きして読解不能にすることを前提としている。彼は一方で、歴史の連続体をでこぼこのない滑らかなフレスコ画にするが、他方で、彼の保守的な読解にそぐわない箇所については、これをわざとかき乱そうとする。クロヴィスや聖王ルイ、ナポレオンへの礼賛は、ヴォルテール、ド・ゴール、ボーヴォワール、サルトルといった他の偶像たちに対する冒瀆という対立項を持つ。理想化の企ては、疑惑を注ぎ込んだり、歪んだ読解を提案したりする削除線で汚された、哲学的、民主的で共和主義的な遺産全体の廃墟をめがけて襲いかかる。

エリック・ゼムールにはヴォルテールを嫌い、また解放運動の思想家たちとは相容れない姿勢をとる正当な権利がある。保守主義でナショナリストの信念を持ち、また伝統的な家族や社会構造のモデルを好むことは彼の自由だ。問題なのは彼の意見ではない――意見は民主的な領分に属するものだ。しかし『フランスの自殺』の著者は、意見を表明するだけでは、そしてすでに私たちが見たように、それらを真実として差し出すことにさえ、満足しはしない。彼は敵対者の書いた文章を粉砕することで、かれらの社会参画の意味そのものを破壊しようと企んだ――内側から厄介払いするために、かれらの文章を破壊吸収するというやり方で。

この論争家にあっては、意図的な誤読は敵を破壊するための武器である。ヘーゲルが言ったとされるように、女性は「高度の学問には向いていない」間抜けだ、ということを示すためにシモーヌ・ド・ボーヴォワールの『第二の性』を引用することなどはお手のものである（女性の無益さに関して両者は何と見事に意見が一致していることか！）――「女性には決してヴァン・ゴッホのひまわりは描けなかっただろう、女性は決してカフカになることはできなかっただろう……」と彼は、『第二の性』の文章を引っ張り出してくる。この一節に意味を与える原文の導入部分を丸ごと省いてしまったのは残念なことだ。

われわれが偉大とよんでいる男子はなんらかのやり方で、その双肩に世界の重みをになった人たちだ。（…）こういうことこそ女ではだれもしなかった、いやできなかったことなのだ。世界を自分のものだと考えたり、世界の罪をわが罪と感じその光栄はわが栄誉と思うには、特権階級に属するものでなければならぬ。世界を修正したり考えたりその秘密を見つけだしたりしてその世界を正当化するのは、そこでの命令権を独占しているこうした特権者にしかゆるされないことだ。[訳注33]

ボーヴォワールのテキストは明快だ（それでも彼女のテキスト全文を読む必要はある）。まだ女性のヴァン・ゴッホがいないのは、社会的にも政治的にも、世界の重みを担う者とみなされる可能性を女性が持ち得ていないからである──「彼女がまだ人間らしい人間になろうとしてたたかわねばならぬかぎり、創造者となることはできないだろう」[訳注34]。ボーヴォワールは女性の存在と芸術表現の条件について、特定の日付の下に歴史的総括を行う。それに対してエリック・ゼムールのほうは本質化してしまう（女性の実存主義者は本質化する、とあえて言い切らねばならなかったのだ）。その悪意は、シモーヌ・ド・ボーヴォワールは、自身の論理と主要な説を展開するテキストを検閲削除してから、（エリック・ゼムールの言うところの）「女性蔑視の本」を出版したのだ、と言い張るところにある。この論客は、自らが異議を唱える著作と対話を行い、その主張に対して誠実に反論することをせずに、作品を台なしにしたうえ、これを自分仕様の言語の中へ追いやってしまうのである。意見の不一致を踏まえて他者とともに思考することができず、思考の他のシステムに対して自らを閉ざす彼は、読解する代わりに検閲し、削除し、黒で塗りつぶすという行為に出るのだ。

さてもエリック・ゼムールの言語はさらに勢いを増す――彼の言語は言葉と典拠資料とをあまりにもうまく擦りつぶしてしまうので、反対物を入れ替えさせ、対立物を混ぜ合わせることができるのだ。粘着質のこの混ざりものは、それとは対照的に明晰で明確な考えによって議論を行おうと努める、批判的思考作業の障害となる。『フランスの運命』の二つの章のそっくり全部が、一文一文、音節ごとに、ペタンとド・ゴール将軍という二人の人物と、それらが政治的かつ歴史的に表象するものとを、融合させることに力を注ぐのだ。

それは結合双生児の寓話から始まる――「かれらは互いにとても愛し合っていた。とても似ていた。とても敬服し合っていた。とても認め合っていた。とても理解し合っていた。(…) 彼らは鏡を見るように互いを見つめ合っていた」。このように、時の彼方の出来事のように、フィリップ・ペタンに関する章は始まる。ペタンとド・ゴールはまだ名指されないうちから、すでに「かれら」という融合体を形成し、愛情をこめてお互いの目を見つめ合う。ペタンとド・ゴールは互いの反映である。それは逆転したイメージでさえない。いや、かれらは互いが互いの正確な複製なのだ――「同じ尊大さ、同じ軽蔑、同じ冷笑主義。同じ無神経さ」。導入部は、第二次世界大戦のこの二人の主要人物を歴史の外に宙吊りにして、彼らの性質上の類似性を織り上げていく。あたかも、環境（出自、宗教、知的・職業的環境）がすなわち運命ではないことを、フランスの歴史の位置づけられた特定の転回点において、彼らがまさに、その行動や自由意志の行使によって証明することはなかった、と言うかのごとくに。それどころか、半過去形を用いた幻想的な田園恋愛詩にのせて（「フィリップはシャルルをヴェルダンの戦場訪問へ連れ出した（…）シャルルは今度こそ自分が同じくらい注目されるような、祖国への奉仕をすることしか夢見ていなかった」）「シャルル」と「フィリップ」を組み合わせていけば、両者は本質的、本源的な相棒なのだという考えが徐々に浸透していく。しかも、かれらは「同じ家族に属し」、さらに悪いことに「敵同士の兄弟」なのである。

省略法と偏向的な引用を用いて、この二つの章は、ペタンの補完的存在でほとんど共犯者であるド・ゴールという神話を徹底的に編み上げていく。あらゆる真実らしさとは反対に――さらにひどいことに、資料に裏づけられたあらゆる歴史的真実があるにもかかわらず――、エリック・ゼムールは二人を遠くから対話させて、両者に「剣と盾」説[訳注35]を主張させる。この隠喩によって対独協力活動を回顧的に正当化するために、彼は、一九四四年八月一一日にペタン元帥が送ったとされるメッセージを、批判的な距離をとることもなく長々と引用する。展開も注釈もなしに彼がそこに並置するのは、レミー大佐によって引用された典拠の疑わしいド・ゴール将軍の発言である――「フランスはつねにその弓に二本の弦を持っていなければならない。[訳注36]一九四〇年六月には、ド・ゴールの弦もペタンの弦もフランスには必要だった」と将軍は語ったというのである。そしてエリック・ゼムールはいつもの狡猾な文体で結論づける――「事実上の剣と盾。実際の。想像上の剣と盾。彼らの頭の中の」。脚韻とほのめかしの数々、意味の寄せ集めとズレに集中するあまり、彼は、元レジスタンス活動家のレミー大佐が一九四七年にはペタンの名誉回復を擁護する立場に与したこと、そしてド・ゴール将軍自身が一九五〇年四月一四日に辛辣な声明を出して、この歴史修正主義の解釈を激しい口調で打ち消さなければならなかったという事実を正確に伝えることを忘れている。

読者のほうはといえば、疑念を吹き込み、歴史的知識を腐食させ、政治的、倫理的に正反対にある立場間の違いを緩和しようとするこの言語の中に、気がつくとはまり込んでしまっているという始末だ。ゼムールにおいては、ペタンはド・ゴールであり、ド・ゴールはペタンなのである。比喩や結合の文彩を駆使しながら、文章表現が二人の人間を交錯させる――「ド・ゴールと同様にペタンは」（七回）、「二人とも」、「ペタンとド・ゴール」、「ペタンに次いでド・ゴールは」。

かれらの名前は混交し汚染するまでに至る。一九四四年に勝者となったド・ゴールについての章を締めくくる際、著者はこんな言葉を漏らす――「大逆転だ。我々がいるのは逆さまの一九四〇年だ。ペタンはド・ゴール化し、ド・ゴールはペタン化している」。この表現によって、一九四〇年にはペタンを愛しド・ゴールを拒まなければならず、一九四四年にはド・ゴールを愛しペタンを憎まねばならなかった、とほのめかすエリック・ゼムールは、巧妙な挑発者をもって任じている。フランス人は一九四〇年には元帥の、次いで解放時には将軍の後ろについたということを、皮肉な笑いを浮かべて明らかにする、ただそれだけのことだ。論争家はこうした状況の逆転を利用して、単純な美学的効果によってこの人間たちを相互交換可能なものにしてしまうのである。二つのグループの言葉の順序を入れ替えて鏡の中に配置する、「ペタンはド・ゴール化し／ド・ゴールはペタン化する」という交錯配列法《キアスム》は、完全な左右対称形をつくり上げ、両者の同一性と相互交換可能性を示唆する。それどころか、一方の名前は他方の属詞になる――ペタンはド・ゴールの形容詞となるのだ。しかし、この純粋に修辞的な手品においては、エリック・ゼムールだけがド・ゴール将軍を「ペタン化」する唯一の人間なのである。

自己同一的マニ教二元論——精神を身構えさせる

異種融合と対照法とはエリック・ゼムールが用いる二つの主要な文彩である。論客は、似ても似つかない時機や人物（ペタンとド・ゴール、コソボとセーヌ＝サン＝ドニ県）を同じイデオロギーのマグマの中で一つに溶かすために、それらの差異を消し去る一方で、他方では、それらを分離し、さらにはフランス社会の一部分を性質の異なるものとしてそっくり排除するために、気密性の高い対立したカテゴリーを組み立てる。自己同一的マニ教二元論[訳注37]が想定するのは、フランスのアイデンティティが、一方で、いくつもの時代を通して一つであり自己自身に同一であること、また他方では、その本質を変えてしまうようなすべてのものから自己を純化する、ということである。ペタンとド・ゴールは近くて補完的な存在でしかあり得ない。なぜなら両者が共に表象するのは、抽象的実体、歴史を越えた価値としてのフランス、エリック・ゼムールにとってはバンヴィルやテーヌやバレスあるいはモーラスのような反革命派の思想家によって定義されるようなフランスだからである。逆に、こうして固定化されたイメージにもたらされるあらゆる変更は根絶やしにされるに違いないし、侮辱、皮肉やグロテスクという酸は、人類共通の感情を腐食させ、あらゆる同情の念を麻痺させてしまうことになるだろう。アイデンティティの凝固と、意味や価値観の液化とは、相伴って進むのだ。

自身の最新刊書『フランスはまだ終わったわけではない』においてエリック・ゼムールは、二〇一二年三月二二日、フランス国家警察特別介入部隊（ＲＡＩＤ）によるイスラム過激派テロリスト、モハメド・メラに対する襲撃作戦が実行された日付から文章を書き始めようと決める。モハメド・メラは国際武装組織アルカイダの名の下で七人を射殺したが、ここにはユダヤ人であるというだけで殺害された、トゥールーズのユダヤ系学校の一人の教師と三人の児童が含まれている。エリック・ゼムールはこの章のタイトルを「大地と死者」と銘打つ。腹に食わせる最初の一撃だ。この殺害事件を、自分で言うには「熟考する」ために、彼は、嘆かわしくも有名な確答を残した強烈な反ユダヤ主義作家のモーリス・バレスを召喚する――「ドレフュスは裏切り者になり得るということ、それを私は彼の人種から結論づける」[訳注38]。

　後に続くのは、歴史を通して行われてきた幾多の虐殺のリストの中に埋もれてしまおうとする、このテロ行為の凡庸化だが、それは次のような格言を証明するためだ――「暴力と残酷さは人間の性である、と言うのは月並みなことである」。いつものように、しかし今回は何としても容認しがたいおぞましさをもって、著者は、この未曽有の事件を、「自然法」によるものとしてしか、そして、フランス革命の最も血なまぐさい時期あるいは古代ローマへの蛮族侵攻がここでは実例としてあげられるような、一〇〇〇年にわたる歴史の反復としてしか、思考しようとしないのである。（彼はまたこれを利用して自分の政治的敵対者ばかりでなく、このテロ行為がまさに攻撃の標的とした価値観さえも、汚そうとせずにはいられないのだ――「我々が人権の、あるいは輝かしい未来[訳注39]の名の下に人を殺したように、モハメド・メラは〝平和と愛の宗教〟の名の下に殺害を行う」）。

　この凡庸化は二重の目的を持つ――テロリストは内戦および来たるべき植民地化の兵士なのだと、

類推によって認めさせること、そして、フランス人に再軍備と暴力とに対する心構えをさせること。論理は暗示的であるが明快である——もしフランス人が「ローマ市民の、ローマの平和とキリスト教の栄華の極致に達したがゆえに軟弱になり、もはや戦意を失ってしまい」、したがって「のどをかき切られて殺されて」終わった彼らの運命を、あるいは「剣よりも風刺詩のほうを好んで用いた宮廷人になり下がった」がゆえに、抵抗もできずにギロチンに散った革命下の貴族たちの運命をたどることを避けたいと望むなら、再び武器を取らねばならない——「我々は衰退期のローマ人、あるいはフランス革命期の貴族であり、モハメド・メラとその同類は我らの時代の蛮族であり、革命的民衆サン・キュロットである」。すなわち、いかにして、「モハメド・メラとその同類」という、表現のこのうえない曖昧さから、厳密に言えばイスラム主義者に、そしてまた他の文明に属する「外国人」を意味する古代ギリシャ語の意味における「蛮族」にも当てはまる、これらの輩たちに対する死闘を暗黙裡に予告し鼓舞激励しようか、ということだ。そこでエリック・ゼムールは警告した——「我々の土地で行われているこの文明戦争においては、各々が自らの陣営を選択しなくてはならない」。言外に匂わすのは——イスラムとの戦争だ（強調は本文著者による）。

そしてエリック・ゼムールはさらにエスカレートしていく。おぞましさはさらに増していく。というのも、彼が「我々の時代の蛮族」に対立させる、この「我々」とは誰なのか？　犠牲者のそれではない。犠牲者たちは、想起されるや否や、歴史に関する余談の数々にすっぽり覆われて消え去ってしまったのだ。この著者はかれらを巧妙に隠してしまった、なぜなら彼にとって犠牲者たちは、文字どおり市民権を持ってはいないのだから——「イスラエルに埋葬された」、殺害された子供たちは、「大地と死者」というバレスの掟[訳注4]の刃の下で、外国人として決定的に資格剥奪されてしまったのである。著者はみだらなテレスコーピング的連結によって、映画『ハジキを持ったおじさんたち』[訳注41]の中の、善良なフランス人ならば「自分の骨を埋める」べき国についての「滑稽な長台詞」でこの本を締めくくろうとするが、そのやり方は、嫌われる外国人も犠牲者もテロリストもみな一緒くたにした外国人嫌悪の陳列棚で、グロテスクと憎悪の二つの調子をぶつけ合うというものだ――「殺人者であれ罪なき者であれ、死刑執行人であれ犠牲者であれ、敵であろうと友であろうと、彼らはフランスで生きたいと強く願っていた（…）しかし自分の骨を埋めるということに関しては、彼らはフランスだけは選ばなかった。何よりも外国人であり、死後もそうあり続けたいと願うがゆえに」。この論争家の言語は私たちに、もはや子供たちを見るのではなく外国人を見るように習慣づける。ゼムールにとって、一人の外国人ユダヤ人の人生が何に値するのか、私たちにはわかっている。

一八九五年の予知的著書『群衆心理』の中で、ギュスターブ・ル・ボンはすでに次のように指摘していた。

> 言葉の力はとても強大なので、最もおぞましい物事を受け入れさせるには、よく吟味された語を用いるだけで十分である(6)。

エリック・ゼムールはこのことをよく理解していた。一五年以上も前から彼は、異常に暴力的な主張や思想ばかりでなく、最悪の事態が起こる可能性をはらんだ一つの言語を拡散しているのである。

私たちをして、人間よりもむしろ「人種」を、子供たちよりも「外国人」を、同国人よりも敵を見るようにと仕向ける一つの言語。彼のペン先で、言葉の意味は混乱し、政治的概念は解消あるいは逆転し、皮肉が酸となって人間主義的な価値を攻撃する。そこでの規範は言葉と歴史のねじれである。人種差別的な強迫観念が偏在している。エリック・ゼムールは私たちを本能的な激しい嫌悪と加虐趣味の享楽の中にはまり込ませ、あらゆる内省の可能性を廃棄するために、おぞましさとグロテスクとを交互に用いる。彼の自己同一的マニ教二元論が、私たちを対決の論理の支配下に置き、それと同時に、黙示録的な拡大解釈が、もう一つの代替フランスをつくり上げる。彼の語りは神話の説明力を持ち、私たちを電撃ショック状態に放り込む。言語は、私たちを思考させ、聴解させ、議論させるその能力をすっかり取り去られて、反民主主義的な倒錯の道具に成り下がるのだ。

エリック・ゼムールの政治的企てを軽視してはならない。二〇二一年九月一七日のトゥーロンでの集会において、『フランスの自殺』の著者は得意げに語った――「私は私の意志をフランス国民に植え付けることができると思う」。一五年以上にわたりエリック・ゼムールは、著書や文章を次から次へと繰り出し、言葉やテキストや歴史を操作して、私たちの共通善、私たちの唯一の民主主義的議論の手段――言語――の核心そのものの内に、意味と人間に対する破壊的な論理の数々を注ぎ込んできた。ヴィクトール・クレムペラーはこう記していた――「言語［は］もっとも強力な、もっとも公然たる、もっとも内密な宣伝手段である」[訳注42]。言語活動の疲弊や人の心の枯渇をもくろむこの企みに対して、どんなに些細な句読点や取るに足らない単語であろうと、言葉を譲り渡すことを拒否すること、今がそのときだ。

原注

本書におけるエリック・ゼムールのテキストからの引用はすべて以下の書籍による。

Le Premier Sexe, Denoël, 2006.
Mélancolie française, Fayard/Denoël, 2010.
Le Bûcher des Vaniteux, Albin Michel, 2012-2013.
Le Suicide français, Albin Michel, 2014.
Un quinquennat pour rien, Albin Michel, 2016.
Destin français, Albin Michel, 2018.
La France n'a pas dit son dernier mot, Rubempré, 2021.

（1）ド・ゴール将軍の原文からの引用は次のとおり。« Paris outragé! Paris brisé! Paris martyrisé! mais Paris libéré! »（「パリは侮辱された！　パリは打ちのめされた！　パリは苦しめられた！　しかしパリは解放された！」）

（2）Jacques Ellul, *Histoire de la propagande*, Presses universitaires de France, 1967, p.36-37.

（3）Serge Tchakhotine, *Le Viol des foules dans la propagande politique*, Gallimard, 1939, p.95.

（4）Gérard Noiriel, *Le Venin dans la plume. Édouard Drumont, Éric Zemmour et la part sombre de la République*, La Découverte, 2019.

（5）Roland Barthes, *Mythologies*, Seuil, 1957, p.145.
（6）Gustave Le Bon, *Psychologie des foules* (1895), Presse universitaires de France, « Quadrige », 2013, p.62.

訳注

※原文中の（　）は、原則として訳文でも（　）とし、原文中に《　》で引用されているエリック・ゼムールおよび他の著書の文章については、訳文では「　」でくくって示した。原注にあげられたエリック・ゼムールの著書については、翻訳『女になりたがる男たち』のある *Le Premier Sexe* 以外の未訳のものからの引用は、タイトルも含めて新たに訳出した。

1――『パリは燃えているか』は、一九六六年のルネ・クレマン監督による米国＝フランス合作の戦争映画。レジスタンスと自由フランス軍によるパリ解放を描く。『大進撃』は、同じく一九六六年のジェラール・ウーリー監督によるナチス占領時代のパリと地方を舞台とするフランスのコメディ映画。

2――ルイ・ド・フュネスは、フランスの喜劇俳優。『ファントマ』シリーズをはじめ、『大進撃』『大追跡』など多くのヒット映画に出演し、フランスだけでなくヨーロッパやソヴィエト連邦でも大きな成功を収めた。

3――鉄道事故の際、列車の衝突時に慣性の法則によって車両同士がめり込んだり食い込んだりする現象。

4――一九四四年八月二五日のパリ解放の際のド・ゴールによる演説の文章を書き変えるにあたって、ゼムールは本来男性名詞である「パリ」を女性名詞として捉え、過去分詞（「～された」）の語尾に〝e〟を付記して女性形にしている。

5――フランスのテレビ番組『こどもの島』の恐竜カジミールの好物料理で、フルーツの入った架空のお菓子。

6――ブールヴィルはフランスのコメディアン、俳優。映画『大進撃』『大追跡』などのヒット作でルイ・ド・フュネスとコンビを組み主演を務めた。
7――モリエールはフランス一七世紀ブルボン朝時代の劇作家兼俳優。鋭い風刺の効いた数多くの傑作喜劇を制作し、フランス古典喜劇を確立した。フランス語は「モリエールの言語」と呼ばれることもある。
8――『第二の性』には翻訳『女になりたがる男たち』（夏目幸子訳、新潮新書、二〇〇八年）があるが、この引用部分は拙訳による。
9――ジャン＝マリー・ル・ペンはフランスの政治家。右翼政党「国民戦線」の創始者で初代党首であり、移民排斥や反ユダヤの発言で注目され、二〇〇二年には大統領選の決選に勝ち残った。
10――マリーヌ・ル・ペンはジャン＝マリー・ル・ペンの三女で、「国民戦線」第二代党首として父の後を継ぎ、二〇一二年と二〇一七年の大統領選に出馬するが敗北、二〇一八年に穏健化の象徴として党名を「国民連合」に改称した後に臨んだ二〇二二年四月の大統領選では第二回投票に進み、敗れはしたが国民の半数近くから支持を得て、六月の国民議会選挙では国民連合は結党以来の最大議席となる八九議席まで躍進した。
11――マリオン・マレシャルはジャン＝マリー・ル・ペンの孫娘で、マリーヌ・ル・ペンの姪の元国民戦線所属の政治家。二〇一七年に政界を退くことを表明したが、フランス極右の次世代を担う人物として現在も注目を集め、二〇二二年からはゼムールが率いる「再征服」に所属している。
12――ニコラ・サルコジはフランス共和国第五共和政の第六代大統領（二〇〇七年就任）で、フランス「国民運動連合」（UMP）党首。二〇一二年の大統領決選投票で社会党のフランソワ・オランド第一書記に敗れた。オランドは一七年ぶりの左派の大統領となるが、就任中の二〇一五年にはシャルリ・エブド事件やパリ同時テロなど、フランスがテロリズムの標的となる事件が続いた。アラン・ジュペは一九九五年から二〇〇四年までボルドー市長、ジャック・シラク政権では一九九五年から一九九七年までフランス首相を務めた他、与党の共和国連合総裁、国民運動連合初代総裁などを歴任した。急進左派政党「不服従のフランス」を率いるジャン＝リュック・メランションは二〇二二年四月の大統領選で三位に食い込み、社会党や緑の党（ＥＥＬＶ）などとともに左派四党で共通の政策綱領を掲げる「環境・社会新人民連合」（ＮＵＰＥＳ）を結成して六月の総選挙に臨み、一三一議席を獲得して次点となり与党を大幅過半数割れに追い込んだ。

13――「グレート・リプレイスメント」は、フランス人作家のルノー・カミュが提唱した白人至上主義、極右的な一種の陰謀論。白人の出生率が低下するなか、リベラル派のエリートが移民政策によってマイノリティを受け入れることで、統計的、文化的に有色人種が白人に取って代わり多数派を占めようとしているという主張で、近年起こったテロや銃乱射事件の実行犯がこの理論について言及している。

14――エルネスト・ルナンはフランスの宗教史家、文献学者で、近代合理主義的な観点によって書かれたイエス・キリストの伝記『イエス伝』の著者。一八八二年にソルボンヌで行った講演「国民とは何か」では、人種・言語・宗教・利害関係・地理・軍事的必要などに依拠する国民理念を否定する論を展開した。

15――ジュール・ミシュレは一九世紀の激動期を生きたフランスの歴史家。著書『フランス革命史』は歴史研究の域を越えた最高の歴史文学と称えられている。

16――シャルル・ボードレールはフランスの詩人。詩集『悪の華』などにより象徴主義以後の近代詩全般の基礎を築いた。

17――ディズレーリは一九世紀後半ヴィクトリア朝のイギリスの保守党の政治家。第二次ディズレーリ内閣では、スエズ運河の買収やインド帝国を成立させるなど、一九世紀末からの帝国主義政策につながる膨張策を推進した。

18――ウッドロウ・ウィルソンは米国第二八代大統領。米国の第一次世界大戦参戦を決断し、大戦後に一四ヵ条の講和原則を発表して国際連盟を提唱した。

19――『ヴェルヌイユ家の結婚狂騒曲』は、フィリップ・ドゥ・ショーヴロン監督による二〇一四年の大ヒットコメディで、娘たちの花婿はみな外国人という異文化家族を描いたフランス映画。

20――「ボフ（beauf）」は一九七〇年代にカビュの風刺画に登場したキャラクターで、「beau-frère（義理の兄弟）」に由来し、下品、無教養で偏狭、人種差別的で女性差別的なフランス人男性のステレオタイプを表す新語として辞書に載るまでになった。「デュポン・ラジョワ」は、イブ・ボワセ監督による一九七五年の映画のタイトルで、一九七〇年代初頭フランスの人種差別主義者の元型を指す。

21――ジャン・ラスパイユはフランスの作家、旅行者で探検家。一九七三年の著作『聖人の野営地』は第三世界から欧州への大量移民による西洋文明の破壊というディストピアを描いたフィクション小説で、ルノー・カミュの「グレート・リプレイスメント」論に影響を与えたとされている。

22――ラシッド・ブシャレブは、アルジェリア系フランス人の映画監督でプロデューサー。アルジェリア独立戦争を題材にした『無法者』が二〇一〇年のカンヌ国際映画祭で公式上映された際には、極右の支持者らが抗議デモを行った。

23――フランツ・ファノンは、黒人差別の構造を精神医学・心理学の立場から追求した精神科医で、のちにアルジェリア独立運動で指導的役割を果たした思想家でもある。

24――前掲『女になりたがる男たち』六二ページ。

25――「オネットム」は、一七世紀フランスの社交界における理想の人間像であり、一八世紀には思考しない下層民とは区別される思考する誠実な人、という意味を表すようになった。

26――ヴィクトール・クレムペラー『第三帝国の言語〈LTI〉――ある言語学者のノート』（羽田洋・藤平浩之・赤井慧爾・中村元保訳、法政大学出版局、一九七四年）一〇五ページ。

27――本節の見出しとして使われているフランス語の « raconter des histoires » という表現には、「物語を語る」という字義どおりの意味だけでなく「つくり話をする」という比喩的な意味もある。

28――「モラリスト」はフランス一七世紀に用いられ始めた語で、現実の人間や社会をあるがままに観察して、人間性や風俗習慣などについて考察を加え、これを圧縮された鋭利な文章にまとめ上げていく作家たちの傾向を表し、パスカル、ラ・ロシュフーコー、ラ・ブリュイエール等がこの範疇に属した。

29――パトリック・ブシュロンはフランスの歴史家で、二〇一五年からコレージュ・ド・フランスの教授として「一三〜一六世紀の西ヨーロッパにおける権力の歴史」講座を担当している。二〇一七年のフランス大統領選のさなかに四人の仲間と編集・刊行した『世界の中のフランス史』は保守派からフランス国民のアイデンティティを解体する試みとして批判され、大きな論争となった。

30――ロラン・バルト『神話作用』(篠沢秀夫訳、現代思潮新社、一九六七年)一八九ページ。

31――シャルル・モーラスはフランスの思想家、詩人、作家で文芸評論家。ドレフュス事件(訳注37参照)を機に一八九九年、思想団体「アクション・フランセーズ」を結成し、王党主義者として論陣を張り、第二次世界大戦中にはヴィシー政権に協力、フランス解放後に終身禁固刑となった。

32――サラフィズムは、初期イスラム原理主義を守り、キリスト教徒や多神教徒を敵とみなし、真正イスラム国カリファ再建の「聖戦(ジハード)」を掲げる最も保守的で非妥協的と言われるイスラム思想。

33――シモーヌ・ド・ボーヴォワール『第二の性』(生島遼一訳、ボーヴォワール著作集7、人文書院、一九六六年)一〇九ページ。

34――同書、一一〇ページ。

35――「剣と盾」説は、ヴィシー政権の国家主席であったフィリップ・ペタン元帥が、実はフランスを救った英雄だとする歴史修正主義的な説で、ナチス敗戦後のペタン裁判でジャック・イゾルニが主張した。ドイツの占領政策に抵抗するためにペタンが密かに「盾」となり、ド・ゴールの「剣」がナチスドイツに勝利する力をつけるまでフランスを守り抜いたとする考え方であるが、現在では歴史家たちによって否定されている。

36――この表現は、「目的達成のためにさまざまな方策を心得ている」という意味を表すフランス語の慣用句

「弓に数本の弦を持つ」を踏まえたものである。

37――マニ教は、ササン朝ペルシャの時代にバビロニアで生まれたイラン人教祖マニが、ゾロアスター教をもとに、キリスト教や仏教の要素も取り入れて折衷した新宗教で、宇宙を霊的な光と物質的な闇の対立とする二元論に基づく教義を唱える。またここで用いられている修飾語 "identitaire" は「アイデンティティ、自己同一性に関する」という意味だが、ここではフランスで発祥した、ヨーロッパや北米における極右および白人国民主義者の「アイデンティタリアン運動」が念頭に置かれていることに注意しなければならない。

38――ドレフュス事件は、フランス第三共和政下で起きた反ユダヤ主義による陰謀事件。一八九四年、ユダヤ系のドレフュス大尉がドイツのスパイとして告発され無期流刑となったが無罪を主張し、裁判で背後の軍部・教会の反ユダヤ主義が批判され、一八九九年に再審が開始され一九〇六年にドレフュスは無罪となった。裁判をめぐって国論が二分され、再審を求める共和派と、判決を支持する王党派が激しく議論を戦わせたが、バレスは後者に属する。

39――作家でありジャーナリスト、政治家でもあったポール・ヴァイヤン＝クチュリエによる、一九三七年にヒットした「青春」という歌の歌詞で、「コミュニズムは世界の青春であり、輝かしい未来を約束する」と説いている。

40――モーリス・バレスのナショナリズムは、一八九八年の父の死によって深まったロレーヌへの愛着や死者への崇拝によって増幅され、一八九九年の講演で「大地と死者」の理論として定式化された。これに基づくなら、祖国という価値は、「大地」と祖先としての「死者たち」についての記憶を継承する民族の歴史の共同体の内にある、ということになる。

41――『ハジキを持ったおじさんたち』は、一九六三年のジョルジュ・ロートネル監督によるフランス犯罪コメディ映画。死の床にある「メキシカン」と呼ばれる男の最期を看取った旧友フェルナン・ノーディンが彼の財産と愛娘パトリシアの面倒の一切を任されたために、次から次へと難事件に巻き込まれていく、というストーリーである。

42——ヴィクトール・クレムペラー、前掲書、二一ページ。

第四章

資本の野蛮化

金が金を生む資本主義の歴史は、「野蛮化」の歴史である。現代のグローバル資本主義下ではかつてないほどに労働者は買いたたかれ、人の生命と地球環境は酷使され収奪される。本書の最終章では、社会運動の歴史を研究するリュディヴィーヌ・バンティニが、野蛮化・怪物化する資本主義の全貌を露わにし、そこからの解放の道を探る。

リュディヴィーヌ・バンティニ

北垣　徹　訳

かれらの嘲笑。ゴミ捨て場の中を歩くジャバの姿を思い浮かべるとき、背景にはかれらの嘲り笑う声が雑音のように聞こえる。資本に対する私たちの批判、苦境に対する私たちの訴え、私たちの憤りを、かれらは執拗に愚弄しようとする。だから平等について、社会正義や真の民主主義についてかれらに語るならば、また共有のもの《コモンズ》――本当のコミュニズムの別名――についてかれらに語るならば、皮肉たっぷりにスターリンや毛沢東、さらにはポル・ポトの名前など、かれらは思いつくままにわめき振りかざすだろう。議論のふりをして、かれらは口から大きな刃物を私たちに振るう。その間、壊れた電話やスチロール樹脂容器、ベークライトの受話器や錆びた古い蓄電池が散らばったデコボコのゴミ捨て場を、ジャバは歩く。ケーブルや金属軸をかき分けながら彼は進む。一一歳のジャバはガーナの首都アクラで暮らしている。廃棄物がよじれ絡まり合う荒れた風景のなか、彼はわずかの銅や真鍮、錫を探しており、それらを「秤の男」が全く取るに足らぬ額で買い上げる。彼は生き延びるためには、命を落としかねないあらゆる危険――毒性の強いダイオキシン類の悪臭、臭化水素酸の発散、ヒ素を含む廃棄物――と隣り合わせにならざるをえない、そうした数多くの子供たちの一人だ。鉛等による中毒など、子供たちは肺を冒すあらゆる病気を患うことになる。かれらがどんな苦しみの中で死んでいくのか、想像するしかない。いかなる場合でも、無関心のまま置かれ、語られることはない。子供たちは吐き気に襲われ、嘔吐を繰り返し、頭痛や極度の疲労に襲われて自分たちの村に帰る。それで、かれらを愛していた者たちの手で埋葬されて終わりだ。ジャバは分解されたコンピュータを見つけたばかりだが、そこにはまだ「アメリカ合衆国環境保護局」のシールが貼られていた。こんな残酷な皮肉はない。あなたのタブレットもよく注意してみると、最後にはやはりアクラ近くまでたどり着くのかもしれない。川にはかつてティラピアなど平たい魚が泳いでいたが、すべて死に絶えてしまった。ジャバの集めた錫は、私たちを経て、私がものを書くのに使ったコンピュータを経て、長い道のりの後、アフリカに戻った。錫はコンゴ共和国のキヴ州で、パスカルやティモテ、ガブリエルら男たちの誰かの手で採掘されたものだ。かれらの傍らで生活するニーマは、この地方を血に染めた先の戦争時にレイプされ、殴られ、拷問された。用具も何も持たず、自身の手しか持たない男たちは、鉱夫ですらなく、むしろ「穴掘り人」だ。かれらは緩慢な窒息の絶えざる危険を冒して、生命の危険を冒して、鉱山の狭い坑道を進む。かれらのことをクリストフ・ボルタンスキーは、まるで世界の終わりで徒刑囚の運命を背負い、蒸し風呂の中で働かされる亡霊のごとく描き出している。「地獄の第九圏[訳注1]」。そこからかれらが掘り出すものが、私たちの電子チップやソフトウェア、ＰＣケース、ディスプレイ等々に埋め込まれる。コンゴからガーナまでの長旅を終えたクリストフ・ボルタンスキーが述べるがごとく、それは「血の鉱物」だ。強力な物語の冒頭に掲げる銘句として、彼はウィリアム・ブレイクの詩から二節を選んでいる。

一粒の砂にも世界を
一輪の野の花にも天国を見、
君の掌のうちに無限を
一時《ひととき》のうちに永遠を握る[訳注2]

というのも、すべてはそこにあるからだ。私たちの小さな世界もこの一粒、あの鉱山の中にあり、私たちの生活もジャバやティモテやニーマの生活の中にあり、私たちのディスプレイもかれらの傷ついた手から生まれる。そして世界が持ちこたえるためには、有無を言わせぬ詩が存在する。おそらくここで、ヴォルテールの『カンディード』で描かれるスリナムの奴隷が思い出されるだろう。衣服は破れ、右手と左足を切り落とされ、憔悴し切った体で彼は言う。「ヨーロッパのかたがたは、私たちがこういう目にあうおかげで砂糖が食べられるわけです[訳注3]」。

遠く離れたデファンス地区[訳注4]の高層ビルから遠隔で略奪の段取りがなされる。ボロレ・アフリカ・ロジスティックスは、何はともあれアフリカ大陸のためになるよう尽くしているんですよと言い訳して、略奪は善意で包み込まれる。この会社は「責任を帯びた」集団で、いかなる疑いも遠ざけるべく、微に入り細をうがつ答弁を行うのだが、そうした答弁は「対外関係効率化コーチ」や卓越したコミュニケーションによってでっち上げられる。他方で、ファンドマネージャーや投資家、投機家たちが錫のストックをやにわに買い占めるのだが、それは相場を操作して最安値で購入し、供給を締めつけ、新たな高値を更新して再販するためである。こうした仲買いの操作において、グレンコール・グループは一頭抜きん出る。社長のマルク・リッチは粉飾決済や複雑な株式の動きに関する天才で、スイスで暮らし、美しい湖と快適な生活を享受している。ピカソやルノワール、モネの作品に囲まれているが、明らかにパスカルやニーマ、ティモテのことは知らない。「ヨーロッパのかたがたは、私たちがこういう目にあうおかげで砂糖が食べられるわけです」。あるいは、現代で言うなら「私たちがこういう目にあうおかげであなた方のコンピュータは動くのです」。

さまざまな生活、さまざまな顔

上海のいくつかの工場では、労働条件があまりにも耐えがたいことで、従業員が窓から身を投げて自殺するのを防ぐよう、安全網が設置されている。けれども上海やアクラまで行く必要はない。隣のスーパーのレジでジャンヌが働いている様子を見てみよう。過密なシフト、支配人の脅し、肉体の酷使、そして破壊的な消耗。あるいは、高級ホテルの清掃係として働くマルトを見てみよう。望まざるパートタイム、絶えず変動する勤務シフト、わずかの給料、日常的な人種差別。あるいは、ウルスラ・ヒューズが「サイバータリアート」[訳注5]と呼ぶ何百万人のうちの一人、マノン。あるいは、アマゾンの従業員サッシャ。来る日も来る日も終日、一分も止むことなく、イヤホンから指令が届く。トイレに行く時間もなく、ペットボトルを携帯していてもそれに口を付ける時間すらない。あるいは、イケアで働くロラーヌ。彼女の上司は隠れ小部屋から従業員を監視しており、彼女も上司に見張られているのに気づいたばかりだ。あるいは、液化天然ガスターミナルの「派遣労働者」ステファンは、時給五ユーロで働いている。アウトソーシングは雇う側には都合がいい。数百万人分の社会保険料が往々にして支払われていない。確かに、ときには司法の手が入ることもある。不法就労のかどで、あるとき司法はブイグ[訳注6]に二万九〇〇〇ユーロの支払いを命じた。しかしそのくらいの額は全く取るに足らない。罰金は会社の利益配当からすれば大海の一滴、売上額の〇・〇〇一七％にすぎない。この相場では、司法が奮闘して何らかの勧告や介入をしても無駄である。関係する利益の規模を前にして、司法はなす術がない。司法はそもそも改善を望んでいるのか。パンドラ文書[訳注7]が暴露するのは一三兆ユーロに及ぶ租税回避だが、司法はそのことを懸念しているのか。失業者や住宅手当の不正受給者を追いかけるほうに汲々としているのではないか。

本章の起源には、さまざまな顔や名前、さまざまな生活がある。また、さまざまな死者たちがいる。自らに火を放った四二歳の失業者ジャメル・シャールの死。従業員をしていたリドル[訳注8]店舗内の凍える部屋で首を吊ったヤニック・セインゾネッティの死。彼は一人で三人分の仕事をしていたが、解雇を恐れて訴えようとはしなかった。やはり自殺したフランス郵政公社の職員パウラ・ダ・シルヴァの死。彼女が勤めていた郵便局の局長は、当局の深刻な状況について警告を発していたが、別の管理者にすげ替えられた。彼女の同僚のシャルルは郵便配達人だったが、自殺する前に遺書でこう書いていた。「三四年間、私は自分の仕事に愛情をもって職務を果たしてきた。かれらのせいで私は完全に壊れた。それなら、郵政公社と共に動き、郵政公社と共に死のう」。ゆえに利ざやを増やしコストを抑え絶えずより長くより早く働かせ仕事のペースを上げ時間を短縮し健康を害し心的社会的家族的生活を害し睡眠や廉潔や尊厳を害する。蓄積する。会計論理上、それで収益が上がる。すべてにコストがあり、すべてに値札を貼ることができる。OECD（経済協力開発機構）のとある研究は最近、こう明らかにした――移民たちは移民先でかかるコスト以上の貢献をもたらしている。それで何だというのか。それを基準にしろというのか。歓待とはむしろ、その逆の事態を受け止めることだろう。そして賢者がパンドラ文書を示すとき、別の者たちは労働者を示す。

いつかとある番組で、私はテレビによく登場するドキュメンタリー作家に出会った。地位と年金を守るため、またＳＮＣＦ（フランス国有鉄道）民営化に反対するための鉄道員によるストライキのときだ。ドキュメンタリー作家はこうした「年金生活者」や「受給者」に対して怒り心頭であった。番組の短い間、私は闘争の正当性に触れ、公共サービスを守るためかれらの側に立たねばならないと主張した。鉄道員に関して「特別待遇」と呼ばれるものをくどくど繰り返すことをやめねばならない――いきなりこの表現は、その信用を損なう意味で用いられる。だがそれは労働協約であり、労働の不平等や過酷さを補償するために交渉によって得られた社会的成果である。ＲＡＴＰ（パリ交通公団）なら、ときには朝の五時三〇分から、日の光の入らない小部屋や、絶えざる警戒が必要となるトンネルで働かねばならない場合の労働協約がある。平均寿命が五八歳とされる下水掃除夫のための労働協約がある。燃え尽き症候群で知られるソーシャル・ワーカーのための協約があり、生徒よりも六〇歳を越えてはならない教育職員のための別の協約がある。あらゆる者の中で特権的なのが鉄道員というわけだ。しかしＳＮＣＦの新入社員の給与はＳＭＩＣ（全産業一律スライド式最低賃金）よりも低く、土日祝日の労働は社会的生存を危うくし、三交代八時間労働は平均寿命を短くする。実際のところ、労働協約は特権ではなく、よりよく生活するために獲得されたものであり、さらに拡大しなければならない。上に合わせてそろえねばならない。例えば建築業界では毎年およそ一五〇名が亡くなっているが、政府関係者は全く無関心であり、そうした状況を改善する必要がある。外食・ホテル業でも、給与が低く労働条件も過酷で、目には見えぬ多くの職業病が存在する。リシャール・フェラン[訳注9]がそうしたように、ストライキは「不平等を温存する」と言わせておくわけにはいかない（フェランは利益の不法な取得を検証すべく静かに語るのだが……）。

父の栄光

とはいえ……問題のドキュメンタリー作家は番組の後でも私を追及した。私は彼と話す気になれなかったが、私がどれだけ動揺したかについては最後に伝えた。私の父は生涯、郵便配達人であった。いつも週六日、わずかな給料で働き、郵便物を届ける相手を顧客ではなく利用者と見ていた。今や郵便配達人の仕事はソフトウェアで秒単位で管理されている。生産性を上げ、巡回距離を伸ばすためである。定められた目標は実現不可能だ。父はキャリアの最後には「製品」や他の有料サービスの販促をするよう求められていた。フランス郵政公社は採用基準として「競争力」へのモチベーションを重視するようになった。ドキュメンタリー作家には母のことは話さなかったが、母は郵便貯金の職員で、退職後に何年も彼女や同僚に課せられたノルマの悪夢にうなされていた。絶え間ない評価、組合や連帯を破壊する執拗な競争、そして貧乏人を駆り立てるノルマがあるが、それには母は抵抗した。多くの職と同様、仕事やサービス提供に専念することで、職務管理の命令に立ち往生せざるをえない大いに困惑する状況が生じる。それで、いらついたドキュメンタリー作家は私への攻撃を続け、私に実のところ唖然とせざるをえない質問をした。

――君の父親のところには、浴室があった？

――水道があって、お湯も水も出ました（皮肉なしの答え）。

――ほら見ろ、栄光の三〇年[訳注10]間の年金生活者の暮らしぶりじゃないか！

この常軌を逸した言葉には、何の意味もない。公共サービスやその領域で働く者をけんか腰で非難し、公務員や失業者、不安定雇用者など、まっとうな生活条件のために闘う者たちに対して絶えず攻撃を仕掛けるという、地に落ちた逆さまの世界、裏返しになった世界。二〇一八年二月、経済大臣のブリュノ・ルメールは、自動車労働組合の一人に対して「あなた方は国を破産に追いやった者たちの一味だ」と言い放った。ただ組織的に社会権を引き裂いて破壊するばかりだ。

私たちの血の涙

別の番組では、ジャック・シラク内閣で大臣経験のある右翼（少なくとも左翼ではなさそうだ）の上院議員を前にすることがあった。彼はできる限りの冷笑を浴びせ、「左翼の連中」「スターリン的郷愁」「あんたたち毛沢東主義者だろう」などの言葉を唾のように吐き捨てた。彼は不信の念を私に投げかけるのに相当の力を尽くしていたが、いったい、中華人民共和国と何の関係があるというのだろう。それ以外の何ものでもないと、本気で信じているのだろうか。確かに、そのように思わせておいて、そう頭に吹き込むのはとても便利だ。彼だって考えがないわけではなく、実際、私たちの希望するところが彼の非難するところとは対極にあるのはわかっている。とはいえ、彼には自分の世界を力ずくで擁護する必要があるのだ。全くのところそうではないのに共産主義であると自称する体制——傷は巨大で罪は下劣——に訴えるのは、彼の観点からすれば、まさしく自らのためとなる。さまざま

な顔が私たちにつきまとう。多くの者の中で、私につきまとうのは、モスクワ裁判の苛烈な粛正の中で殺されたライサ・サムイロヴナ・ボチレンの顔である。彼女は二〇歳のユダヤ人で、海運局でタイピストとして働いていた。日本のためのスパイとして告発され、死刑を宣告され、一九三七年一一月三日に処刑された。多くの女性や男性を監獄や収容所に送った殺人機構のことを思うと、私たちの涙は、もしそういうことがあり得るとすれば、血の涙となるだろう。

そこに共産主義はない。「ソヴィエト連邦」と言うが、しかし連邦がソヴィエトであったことは一度もなかった。ソヴィエトとは評議会による民主主義のことだが、それは一九二二年一二月の誕生以前に消滅していた。しかしながら、それはおそらく真の民主主義の「ようやく見出された形」であり、人が働き、人が住み、人が生活するところで、話し合って決めることであり、人が必要とするあらゆることについて、いかに生産するのか、何を生産するのか、なぜ生産するのかについて、議論し、投票することである。それはさまざまな水準でなされねばならない。なぜなら、工場の水準で、あるいは村や地区の水準で、すべてをなすことはできないからである。確かにそれは続かなかった。パリ・コミューンより少し長く続いただけである。パリ・コミューンもまた七二日の間に「生活を変える」さまざまな要素を民衆蜂起の中で結集させていた。「生活を変える」とはランボーの言葉である。彼の飛躍、また時の恩寵の中で、詩人は共産主義社会の計画を起草していた。残念なことにその計画は失われてしまい、ランボーの友人で同様に詩人であるポール・ドゥムニに宛てた手紙で、その痕跡をたどれるだけだ。大事なのはこの遺産を継承し、軽んじられるままにしておかないことであり、敗北の悲劇という宿命に帰することなく、遺産が存在し続けた事実を知ることである。現に存在するものとは異なるものを不可能とみなすのはやめねばならない。「スターリン！」と叫ぶことはもはや議論にはならず、完全に時代遅れで、今なおそう叫ぶ者すらも実はそう感じているのだ。今後は別のものを見つけねばならないだろう。

野蛮化

過去の死者を引き合いに出す者たちは、かれらの冷笑の陰に隠された現在の死者に対して、往々にして無関心な態度をとる。実際毎日、大規模にあるいはゆっくりと人を殺していく資本主義の猛威は、かれらにとって何を意味するのか。かれら中傷家たちは沈黙したり省略したり、あるいは歩の駒のごとく将棋盤の上に押し出された犠牲者の選択を行う——ときには同情よりもイデオロギーでもって。私は子供時代からスターリン主義の犯罪について教えられてきたが、植民地主義の恐怖の中で行われたヘレロ人やナマ人に対する虐殺[訳注11]については全く教えられることはなかった。近年、私は日がなさまざまなコラムやスローガンの中で「野蛮化（ensauvagement）」の語を目にする。そして私は必然的にセゼール[訳注12]に立ち戻ることになる。彼が植民地主義のヨーロッパについて述べるとき、自分が何について語っているのかわかっていた。ヨーロッパはまるで吸血鬼のように、血や土地や財産や尊厳までも吸い尽くし、運搬用家畜のつらい立場にまで人類を格下げし、想定されていた文明化の使命からは遠い、極めて遠い状況にある。セゼールが述べるのは文明化とは逆の事態である。植民地化は植民地支配者を非文明化し、「言葉の固有の意味で野獣化する」働きをする。頭が切り落とされ、少女が陵辱され、男たちが拷問されようと大したことではなく、受け入れられた。それは退行であり、堕落である。ゆっくりとではあるが確実に注入される毒である。「大陸の野蛮化」である。

野蛮化――この言葉は過去についてだけ用いられるのではない。この言葉はまた、市場の暗黒の法の中に生者を引き込む略奪を意味する。この見方からすれば、資本主義とはつねに野蛮化されてきたものだ。その起源は血に染まっている。それがエスカレートするさまは、不可逆的な被害をもたらしてきた。マルクスが言うように「プリュスマシュレイ」――この語はぴたりとすべてを言い当てている。「さらに行う」――もっと、もっと、もっと。個人としての資本家の側では、たとえ利益への飽くなき衝動がさらなる欲を引き起こすのだとしても、陳腐な貪欲さが問題ではない。確かに、個人で富をためることには、その途方もない額の金でもって何ができるのかつねにわかっているわけではないにせよ、固有の快楽を生み出すものだ。しかしそれが重要なのではない。本質はかれらを責めさいなむ義務の中にある。価値からさらなる価値を引き出さねばならない。蓄積を維持するために剰余価値に食らいつかねばならない。金《かね》で金《かね》をつくらねばならない。金が金を生むために、すべてを動かさねばならない。さらに、競争相手以上にそうしなければならない。

資本家たちは自分たちの間で執拗な戦争を行っており、そのためかれらは私たちにまでそれを押しつけてくる。かれらの論理は絶対的に無制限な拡張にある。そもそも無制限の原理がシステム自体の根底にある。すべては商品に転化しうるし、またそうしなければならない。私たちの肉体や精神に至るまで、私たちの最も内密な考えまでも、強大な広告に支えられて商品となる。この領域では、出し惜しみは問題外で、数字は目を見張るものがある。世界中で毎年六〇〇〇億ユーロが支出される。そこには私たちの脳に侵入し、消費の衝動を強烈に高める優れた手段がある。それは精神の植民地化である。そこで私たちはウェブに絡め取られる。その名はトラッキングと言い、私たちの選択や嗜好、願望などを捜し当てて追跡し、ユーザーのあらゆるデータは広告主に提供される。私たちはスパイと共に生活しているのだ。監視や管理は電子上でデジタルで行われる。剰余価値を引き出すためには、人間を非人間的なものに従属させねばならず、生物圏は商品様式の命令に独占される。そのためには網は大気圏すら越えて投げかけられる。オバマ政権下で可決された法律「米国商業宇宙空間競争法」は、その名称があからさまに示すように、今や投資家が宇宙全体からある区画を専有することを可能にする。私企業は天体を穿《うが》ち、資源を採掘して販売するためのあまねき認可《ユルビ・エトブリ》を受けたのである。企業のプラネタリー・リソーシーズは「小惑星鉱業会社」と自称しているが、揉み手をして喜んでいるに違いない。会社の広報はこれを「史上最大の所有権の承認」と呼んで狂喜している。周りも理解している。たまたまなのか、株主の中にはＧＡＦＡ[訳注13]の二つが入っている。海洋や大気圏、宇宙空間、そして私たちの親密な領域に至るまで、資本主義はすべてを呑み込みつつある。

もう眠らない

渡り鳥のミヤマシトド[訳注14]は、七日間眠らないで飛び続けることができる。そのため米国国防総省は、この鳥から人間に応用可能な知見を得るための研究に投資している。眠らない兵士、あるいは、普通よりもずっと少ない睡眠時間で活動する兵士をつくろうとしている。ジョナサン・クレーリーの『24／7　眠らない社会[訳注15]』が示すのはこの点だ。睡眠を襲う資本主義。軍事効率あるいは生産性の向上を目的として、睡眠への抵抗を最大限に高める神経化学物質の実験が行われている。二四時間週七日営業。それはたんなるスローガンでなく、新たな生産・生活体制である。時間を最大限に効率化することで、さらなる利益を引き出し、「時間なき時間」をつくり出す。こうした生物の限界を越えようとする技術は、人間をより生産的にすべく、さまざまな能力の増強を図る。睡眠自体は何らの商品価値も生み出さないので、眠ってはいけないのだ。

私は数年前ミラノ郊外で、二四時間営業のスーパーマーケットを前にしたときの衝撃を思い出す。このとき、やはりイタリアの別のところで子供時代に直面した困難が、記憶に甦った。一九八〇年代の終わり、バーリ近くの小さな村に私たち家族はいた。テレビで古い映画を見ていたとき、私は人生で初めて、ある決定的シーンのさなかで「チキータ！　バナナ！」のコマーシャルが流れるのを見た。以来、私たちの有する脳内時間は多くの攻撃の対象となっている。

人をめぐる規制撤廃から動物をめぐる規制撤廃まで、紙一重である。もうすでにそういう状況にある。最新のニュース、最後の叫び。ある種のホッキョクグマは自分たちの子供をむさぼり食っている。共食いのみならず、子殺しが蔓延している。氷床が溶け出して、棲息地域があら皮のように縮んでしまい、食料を手に入れることができないからだ。再生産のための生殖パートナーの数も減少しており、同類のクマを襲って殺し、むさぼり食うことは、オスにとってメスを手に入れるための戦略である。今から何の手も打たなければ、このホッキョクグマは二一〇〇年に絶滅すると予想されている。

資本主義に道徳はあるのか

メディアによく登場する評論家たちは、御用学者として会社の利益を擁護すべく、ビジネススクールや私企業において数多くの講演を行っているが、その報酬額はあまり知られていない。それは六〇〇〇ユーロから二万ユーロの間、元国家元首クラスでこの実入りのいい商売に鞍替えした者であれば、二〇万ユーロから四〇万ユーロの間となる。せいぜいお好きに稼ぎなさい。しかし、鉄道員や労働者、退職者、公務員、不安定雇用者らが、「改革」や「進歩」から目をそらし、それに「順応」せず受け入れようとしないとして、これらの者たちを軽蔑するために我先にテレビやラジオに登場するのは放っておけない。それで二時間で、もっと要求度の高い仕事の数ヵ月分を稼ぐとしたら？——厚かましいにもほどがある。

アンドレ・コント＝スポンヴィルはそうした者の一人だが、そのことを隠そうともしない。彼は多額の報酬を受けるのを自認している。その道徳について彼は考える。『資本主義に道徳はあるのか』

と彼は著書で問うのだが、その答えは「否」であり、それなら自身の行いに大きな確信が持てるというものだ。著書の中で彼は資本主義を「経済」一般と同一視し、そのうえでいかなる経済にも道徳はないと主張する。「ビジネスにとって利己主義は素晴らしいものだ」とはずみで叫ぶ。彼の観察によれば、算術や物理学、気象学に道徳はなく――それについては賛同が得られるだろう――、したがって経済にも道徳はなく自足しているというのだが、それは端的に誤りである。経済を、その変種の一つに帰着させることはできない。資本主義とは歴史的に決定された特異な様態に他ならず、時代を超越したものと自らを宣言することはできない。経済とはもともとオイキア、つまり家であり、富の生産や交換、分配を組織する方式である。経済はこの意味において、道徳ではないにせよ――道徳主義とは往々にして教訓をもたらすものだ――少なくとも適正さや公正さの原則たる倫理を有するであろう。生命の尊重や人間性の開花、資源への平等なアクセスなど、要するに善き生活を保障する倫理がある。それは資本主義には当てはまらず、ジェローム・バシェ[訳注16]に倣って次の点を確認しうる。

歴史が私たちに教えてくれる唯一の教訓は、次の点である――いかなる社会も、いかなる歴史上のシステムも、定義上永遠ではない。しかし資本主義には特有の点があり、その破壊的傾向がすさまじいので、自らの命を長らえれば長らえるほど、ますます地球上の生命の条件そのものを崩していく。したがって今日の問題は、資本主義が人類を手放す前に人類が資本主義を手放すことができるかどうかである。

生命の値段と他の利益

一九七〇年代にフォード・モーター・カンパニーは、自社の車フォード・ピントの燃料タンクに関して重大な設計の欠陥があり、爆発の危険性があることに気づいた。フォード社が計算したところ、全車をリコールするよりも犠牲者の家族に補償するほうが安くつくことがわかった。同社の行う推測によれば、この原因で死亡する者の数は年平均で一八〇名となる。犠牲者一人当たりの補償額は二〇万ドルと推計されるので、合計でおよそ三六〇〇万ドルとなるが、それは全車リコールでかかるであろう費用の一億三七〇〇万ドルを大きく下回る。したがって、リコールより補償のほうが割に合うだろう。エリック・オリン・ライト[訳注17]が確認するところでは、「利益の最大化を目指す資本主義市場においては、この種の計算は全く論理的である。費用と便益の妥協点を《合理的に》計算する唯一の方法は、人間の生命の《商品価値》を推測することである」。一九七八年、出火した車に閉じ込められ三人の少女が亡くなった事故の後は、フォード社に対して業務上過失致死で訴えを起こす事例が増える——フォード社は車の中で焼死する可能性があることに気づいていたのだから。しかし裁判のコストによって、同社の見通しが無効になることはなかった。一九七八年、会社は弁護士の一団を組織して訴訟に備えるべく一〇〇万ドルを支出した。結果は、この巨大自動車メーカーに有利に働き、損害賠償請求一人当たり七五〇〇ドルの支払いで済んだ。それでも、世論やメディアでスキャンダルとなったことにも後押しされ、全米高速道路安全局はフォード社に対してリコールを命じた。しかしそれまでに、この車の販売は一〇年間にわたって続けられたのである。

デヴィッド・フィンチャーは『ファイト・クラブ』[訳注18]を撮ったとき、この話を思い出していたに違いない。エドワード・ノートンが見事に演じる映画内の語り手は、奇妙な形で算術を操作する。彼は自動車工場のリコール担当技術者で、ある数式を適用することが仕事である。自動車メーカーが製造の欠陥を確認した場合、「当該の自動車の台数（Ａ）、それを欠陥が生じる可能性（Ｂ）で乗じ、その結果をさらに補償で支払うべき平均額（Ｃ）で乗じる。Ａ×Ｂ×Ｃ＝Ｘ。このＸがリコールのコストを下回れば、リコールはなし」。ごく単純な計算だ。飛行機で隣に乗り合わせていた婦人はあきれた様子である。


「こんな事故はよく起こりますの？」

「きっとご存じないでしょうね」

「どこの自動車メーカーにお勤めで？」

「とある大手ですよ」


実際、フォード・ピント事件は例外ではなく、孤立した事例ではない。この事件が明るみに出たのは、あるジャーナリストが専心して取り組んでいたからである。彼はフォード社が以前から気づいていたことを明らかにした。同様の事例は他にもある。パシフィック・ガス・アンド・エレクトリック・カンパニーがヒンクリー[訳注19]の飲み水を発がん性物質で汚染していたとき、同社はその原因を知っており、そのことがエリン・ブロコヴィッチによって明らかにされた。ボーイング７３７ＭＡＸ機の複数の事故は、設計上の欠陥が原因だった。米国連邦航空局は、私企業とは全面的に独立して行動することが求められているが、搭載の情報処理システムがあまりに複雑との理由から、検証手続きの一部をボーイング社に委ねていた。生産の増大と補償すべき事故の犠牲者と病人の数との間で会社が最適効率を予測するのは、製薬産業や殺虫剤産業など、他の状況でも見られる。記憶にとどめないといけない――メディアトール、デパキン、ディスティルベン、エシュア、ルヴォティロックス[訳注20]、犠牲となった多くの女性たち、台なしになった彼女たちの人生、彼女たちの苦痛、彼女たちの神経障害、多くの手術や四肢切断、不妊、薬品や器具の危険性については警告がなされていたのに……検証や認可や追試の欠陥、また癌や緩慢な死、無関心の中での苦悶について語るならば石綿……。

　これらの事例で毎回問題となるのは、死の危険だけでなく、さらに別の事態だ。つまり、関係する企業がこれらの件を意識・認識しているという点である。トタル、エルフ、エクソン、BP、シェルら石油会社は一九七〇年代初頭から、地球温暖化に化石燃料がもたらす破滅的衝撃について知っていた。しかし、そのことについて何も語らず、何もしなかった。あるいは、より正確に言えば、異常気象の現実について疑いを維持すべく、ことを運んでいた。これらガス・石油の複合企業群は、あらゆる政策を阻止すべく、「気候変動懐疑派」の研究所に途方もない額の資金提供を行っていたのだ。ナオミ・オレスケスが指摘するように、情報操作の力は信じがたい影響力を及ぼしており、科学史家たちはもはや文明の崩壊について述べるのをためらわない。もしも気候が銀行なら、すでに救済の策がとられていただろうと言われる。他方で、北極海の氷床が溶け出すことは確かな生産性の宝庫となる。つまりそれで炭化水素採掘のルートが開かれるのだ。その利益は小さなものではない。

調査が行われない場合、どれくらいの状況が捕捉されないままになっているのだろうか。ソフィー・ロレという女性は数年前から、グッドイヤー社に対して一人で闘っている。彼女の配偶者はトラック運転手だったが、タイヤが破裂した事故で死亡した。タイヤに欠陥があり、責任は部品製造者にあることを証明すべく、彼女は瞠目すべき調査を行う。彼女は同種のタイヤで生じた十数件の事故を見つけ出した。少なくとも彼女が見つけ出しただけでその数である。そこからは司法が後を継ぎ、ある予審判事が現在この件にかかわっている。しかし他にどれだけの件数が闇に隠されているのか。自分の会社で死に至るハラスメント――同僚の一人が自殺した――があるのを知った友人は、私にこの件について次のように説明してくれた。「従業員にハラスメントする経営者を庇《かば》おうとする企業も、同様の計算をするね。自殺があったら企業は補償を支払うが、それで支払う額はハラスメントする経営者をクビにするよりも安くつくのさ」。

費用／便益計算は資本主義の基本である――人間の生命はいくらの額から利益を下回るようになるのか。計算の行き着く先は「統計上の生命の価値」だ。それは経済的「合理性」によって決まる。ある人が亡くなると、もう生産も消費もせず、もはや富を生み出さない。したがって、この人の死には明確なコストが付与される。こうした推測値から、顧客やユーザー、患者に対してリスクをとるか否かが決まる。コストは「人的資本」を上回ってはいけない。こうした会計は、規模は異なるが、奴隷制経済における鞭打ちについて制定された考えを思い起こさせる。つまり鞭打ちは、すさまじい苦痛を課するに十分なほど強力でなければならないが、死に至らせるほど強くあってはならない、というわけだ。

法の名の下に

とはいえ、こうしたすべてに違法な点はない。法はそこに、極めて保護的な形で存在する。またその傍らには、すべてをすり抜けさせる言葉がある。言葉の軽業、税金逃れの体操が横行する。会社の利益配当をめぐる不正で、年間一五億ユーロ以上の税金が失われている。それはいかなる形でなされるのか。株主は銀行と共謀して、課税を逃れるべく配当金を受け取る直前に資産を銀行に「貸し付け」て、いくばくかの利子の形で配当金を回収する。しかしそれは違法ではないと、株主や投資銀行は口をそろえて言う。確かにやや攻撃的な形ではあるが、それは税の最適化だと。もちろん、かれらの説得のシステムは極めて強力で、研究所やシンクタンクの大きな支えを受けている。これら研究所は大企業から莫大な報酬を受け取って、市場経済の信条をあらゆる方面に流している。そして「自由」、大文字で始まる「自由」が、そうした信条が約束するところである。そのためにロビー活動が行われ、ネット上で動画が拡散され、批判が封じ込められる。

二人組のアクティヴィストである驚嘆すべきイエスメン[訳注21]は、こうした大企業に容赦ない一撃を食らわす。BBCのある番組で、かれらは巨大企業ダウケミカル・カンパニーのスポークスマンになりすますことに成功した。この企業集団は買収したユニオンカーバイド・グループを通じて、ボパールの悲劇に責任がある。このインドの都市で一九八四年に起こった化学工場爆発事故で、少なくとも一万八〇〇〇人が死亡した。今日でもなお一五万人が治療を必要としており、それは死ぬまで確実に続く。多くは極めて貧しい人々であり、生きるか死ぬかの闘いを強いられている。場所の除染が完全に行われているわけではない。それでイエスメンはまず、産業人や財界人の出席するカンファレンスに潜り込んで、利益が死体数体分と引き合うという趣旨のプレゼンをする。参加者の一人が「そいつは元気が出る話だね。生命が犠牲になったとしても、それで利益が出るならば」と感想をもたらす。また別の会計士は仰々しく、ボパールの事故は「付加価値を生み出した」と請け合う。確かに何千人もの犠牲者が出たかもしれないが、「未来はいつでもリスクを含むものだ」。そうだ、確かにそこがポイントだ。途方もなく安い賃金の労働者たちを雇って、消耗するまで働かせ、何の安全措置もとらずに工場を開くということ。重大事故が起これば、残念だが仕方がない。失われた命は実は何ほどの価値もなく、莫大な収益を生む。それが資本の逆説的「魔術」だ。さらにイエスメンは、悪ふざけのもったいぶった戦略をとり、犠牲者に対して一二〇億ドルの補償を行うことをＢＢＣの放送で告げた。株式市場はパニックだ！　ダウケミカル社は名誉毀損で、このなりすましを訴えることができたかもしれない。しかしこの「犯人たち」は告発をむしろ差し替えた。自分たちのしたことは詐欺ではなく、むしろ模範であり、ダウケミカルが本来なすべきこと、つまり補償を行うことを示したのだ。本当に会社をかつぐとしたら、会社はどうしようもないと言うべきところだろう。明らかに、他にも多くの「ボパール」があった。例えば、バングラデシュのダッカで起こったラナ・プラザ崩落事故では、一一〇〇〇人が死亡し、何千人もが負傷した。ビルには、マンゴーやカマイウー、ベネトン、オーシャン[訳注22]向けの極めて低コストの縫製工場が入っていた。

下を向いて笑う

「心配ないよ。結局年をとれば、政治的には右になるから」と私に言う者もいた。私はいまだそうなってない。左から右に転向する者たちは、実は当初から決して左ではなかったのだ。社会の不正義にひとたび眼を開けば、決して眼を閉じるわけにはいかないのだから。

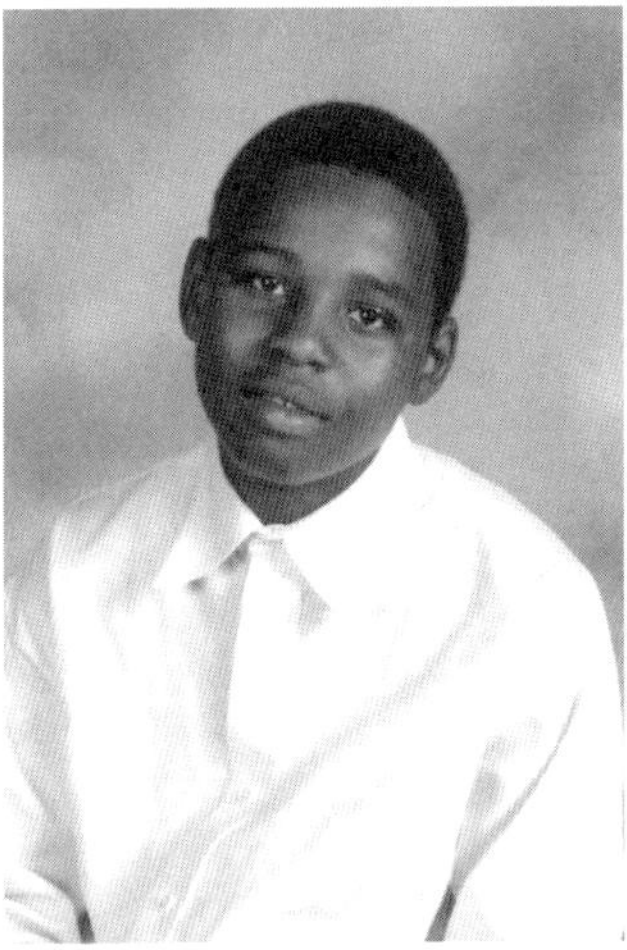

こう語るのは歯医者、ヒューマニストでマルクス主義者からもさほど遠くない歯医者である。彼は『歯について』という本を書いたオリヴィエ・シランにそう打ち明ける。何という本だろう。本章では写真二枚しか載せることができなかった。すぐに心に浮かんでくる何百人もの顔の中で、真に重要な事柄を体現する人生の中で、どうすればいいのだろう。たんに数字やグラフ、統計だけではなく、またさまざまな概念や、支配に関する語の羅列（生産力主義、原初的蓄積、剰余価値、従属、利益率、搾取……）だけではなくして。私はこの写真を選んだ。

彼の名はディアモンテ・ドライヴァー。二〇一七年、彼は一二歳のとき、歯膿瘍の二次感染で亡くなった。奥の虫歯を抜くのに歯医者は八〇ドルを要求したが、社会保険を持たない母親は払えなかったのだ。

「歯は世界の残酷さを暴露する」とオリヴィエ・シランは記す。ゆえに歯は不平等と社会闘争の象徴である。「下を向いて笑う」は、ノーディ・グランジェが思春期に書いた詩の題名だ。彼の学級では、生徒の多くは黒ずんだ歯を恥じ、笑うときには下を向いた。会計院によればフランスでも、健康保険の負担引き受けは悪化の一途をたどっており、治療を諦めねばならない者が増加している。あるいはそういう者たちは、「ローコスト」治療院チェーンや怪しげな歯医者、良心を欠いた資本主義者のもとに赴く。例えばダンテキシアは、オリヴィエ・シランの説明によると、「程度はさまざまだが、およそ三〇〇〇名の患者を騙し、虐待し、苦しめた」後、二〇一六年に経営破綻した治療院チェーンである。何百人もが損傷を負い、感染し、抜歯されただけでなく、名状しがたい苦痛の中で口を切り刻まれて、破産した者もいた。これは新たな現象で、今や獰猛かつ残忍な歯科資本主義が広がっている。こうした苦痛、それに伴う恥辱が支配する闇夜でも、犠牲者の中には集団を組織する力を発揮し、こうした粉砕装置に対抗して自分たちを守ろうとする者もいる。そしてダンテキシアの件では勝訴した。アブデル・アウシュリアも、この闘いにおいて地獄を経験した。今では彼は生化学の研究者である。彼は科学者であるにもかかわらず、「科学の言説は物事を冷たく捉え、機械的に考える傾向がある」と打ち明けているが、それは正しいと思う。患者たちの苦痛は具体化されなければならない。たとえそれが理論的証明を何ら揺るがすことがないにせよ、またともあれそうした証明が必要とされるにせよ。

「歯なし」のことを言う者たちの、軽蔑や尊大な暴力は知られている。では、反乱や蜂起が起こったときには何と言われるか。当時、国民教育大臣だったリュック・フェリーは、「黄色いベスト」運動の参加者を「汚物」呼ばわりし、軍による参加者たちへの発砲をほのめかした。めまい――ヒチコック映画の中のように、地獄の渦巻きに落ち込むかのような気分だ。テレビのニュースキャスター、イヴ・カルヴィはといえば、抗議活動の参加者たちを封じ込めるために、サッカー競技場を開放すべきだと主張した。汚辱に落ち込むかのような、めまい。彼は、このイメージが何を意味するのか知っているのだろうか。もちろん彼は知っているだろう。ピノチェト政権下のチリで、拷問された者、暗殺された者、処刑された者たちのことを。抗議活動は支配者を苛立たせる。警察による暴力について多くが記録されているので、長く語る必要はないだろう。ときに頭から抜け落ちているのは、各々の反対運動が嫌疑をかけられる可能性のある「反逆と紊乱《びんらん》」である。また新たなめまいだ。ブラッサンスの「大殺戮《エカトンブ》」を歌うだけでも「紊乱」のかどで逮捕されるかもしれない。

二〇一九年、ダヴィッド・デュフレーヌから、彼の映画『暴力をめぐる対話[訳注23]』に出演して、警察官組合の局長と対談する依頼があった。警察組織の中で人はどう思っているのか、実際のところ何を信じ、その理由は何か、そうしたことを知るよい機会だ。私たちは小さなテーブルを囲んで、照明一つ、カメラ一つを前に対面した。議論は緊張感をはらみ、険しいものとなった。それは三時間続いたが、編集の都合上、映画の中で私たちの対談は数分しかない。局長は当初、盲目的に従う言語活動の諸要素のような議論を展開する。曰く、「秩序、共和国、国家」を守らなければならない。とはいえ、機動隊（forces de l'ordre）が守らねばならない秩序（ordre）とは何か。私はその質問を、この息詰まる世界を描写しながら投げかける。つまり、環境破壊、略奪、汚職、税金逃れ、めまいを引き起こすかのような溝を深める不平等、階級蔑視、社会の暴力に触れながら。私は彼に真摯に答えるよう促す。彼は次第にためらいがちになり、自信を失い、力をなくしていくように見える。ダヴィッドがスクリーンに映像を投影する。黄色いベストの女性が警視総監のラルマンとすれ違い、総監は女性に「我々は同じ陣営には属してない」と言う。対談は再開する。私の前の警察官組合幹部は、実のところ何を考えているのだろう。二つの「陣営」があるとして、彼の陣営とは何だろう。彼には、映像の女性をじっと見て、彼女の声に注意深く耳を傾けてほしい。デモを行い、ロータリーを占拠するのは、正当な理由があるからではないのか。不安定な生活や貧困は、この豊かな国にふさわしくないばかげたものであるが、そうした事態に直面する尊厳を彼女は体現しているのではないか。警視総監の側よりもむしろ、彼女の側に自分がいると感じないのか。ここに至って初めて、彼は口をつぐむ。沈黙がおりるが、この沈黙は深い。局長にはもはや、言うべき言葉がない。彼は命令（orders）にしたがってきたが、今や自分のつくり出す秩序（ordre）がどういう性質のものか認めざるをえない――その不正で不平等、破壊的な性質を。

こうした武装された秩序は広がっている。エムリック・エリュアンとセバスティアン・フォントネルは、「極度の残忍さで知られる体制」への武器売却に伴う破廉恥な態度と不透明な状況を、克明に記している。アパルトヘイト下の南アフリカ、サラザール政権下のポルトガル、フランコ政権下のスペイン、大佐たちが支配するギリシャ、南米の独裁政権等々へのフランスによる武器売却については、実に長い歴史がある。南アフリカ共和国を「最悪の人種主義・植民地主義体制の一つ」と称したフランソワ・ミッテランの約束にもかかわらず、こうした武器売却は粛々と続けられ、国際連合が課した武器禁輸措置の後でも続いた。一九七六年に起こったソウェト蜂起の鎮圧は、地区住民の間で何百人もの犠牲者を生んだが、主にフランスから売却された武器によって遂行された。フランスにおけるＡＮＣ（アフリカ国民会議）代表デュルシー・セプテンバーは、人種差別政策下の南アフリカに「フランス軍の提供した支持」について調査を行っていたが、一九八八年にパリで暗殺された。研究者アニー・ヴァン・ヴューレンによれば、これに関してフランスのシークレット・サービスによる共謀ないしは黙認があった。今日でも、エジプトのアッ＝シーシー体制との契約があり、武器が拷問や軍の鎮圧に使用されたにもかかわらず、一部メディアが「成功」ないしは「上出来」と報道する実入りのいい契約である。社会党内部でも、サウジアラビアやカタール、エジプトへの武器売却は大々的な喝采を浴びた。ところが、独立系メディアのディスクローズによる注目すべき仕事のおかげで、イエメンで行われた身の毛のよだつ戦争でサウジアラビアやアラブ首長国連邦が用いたフランス製武器の詳細な一覧が知られるところとなった。ＡＭＸ型戦車、レクレール型戦車、クーガー型ヘリコプター、海上封鎖時に用いられる軍艦、カエサル自走榴弾砲などである。イエメンでは、拷問やレイプ、令状なしの拘束、誘拐、一五歳未満の徴兵、地獄のような飢饉など、戦争犯罪が増大している。ここで使用される武器といえば……。国家にとって、すなわち納税者にとって、ダッソーグループの戦闘機ラファルをめぐる計画の総額は四三〇億ユーロに達する。何ていうこと！　この戦闘機生産に四三〇億ユーロが呑み込まれるなんて。

行方不明者たち

しばしば、ダニエル・メンデルソン『行方不明者たち』のことを考える。間違いなく感動的なこの並外れた物語をつうじて、語り手は自分の遠い親戚たちの足跡をたどろうとするのだが、この親戚たちは、ナチスによって多くの謀略と共に繰り返されたジェノサイドの中で殺された。物語では語り手と共に、シュミールとエステルの絶望的な努力を、怒りと悲しみの中で追体験できる。二人はナチスが政権を握ったヨーロッパを逃れ、出入国に必要な書類をそろえて、米国行きの船に乗ろうとする。しかし努力は水泡に帰し、ビザの発行は認められず、道行きは周到に妨げられるだろう。ページを繰るごとに、個人や団体が深い淵の中に落ち込み、人々がもがきながら溺れていくのを目にすることになる。こうした物語を読みながら、こんなことは今やもうありえない、絶対にありえないと思うことだろう。

とはいえ……現在でも、船長として避難民を救おうとした行為ゆえに、ピア・クレンプは、禁錮二〇年、救出者一人につき罰金一万五〇〇〇ユーロを科せられるおそれがある。このことを頭に入れるためには、もう一度言葉を繰り返す必要があるだろう。禁錮および救出者一人につき罰金一万五〇〇〇ユーロ。命に値段がつけられ、天秤にかけられる。禁錮二三年——この判決は重く、恐るべきものだ。これは通常なら、シチリアのマフィアや重大犯罪に科せられる量刑である。この判決がギロチンの刃のごとく、イタリア・カラブリア地方リアーチェ村の元村長に下される。ドメニコ・ルカーノは移民の不法入国を促したかどで訴えられた。過疎の村に移民を受け入れるべく、彼は移民たちに職業訓練を行い、人手不足のために放棄されていた村の伝統工芸品づくりを再開していた。彼が言うには、「いかなる人間も、不法入国者とみなされるべきではない。この言葉は辞書から消え去るべきだ。この言葉は人間の尊厳を損なうものである」。彼のプロジェクトのおかげでリアーチェ村は、保育所や学校、文化事業を運営できるようになっていた。村はフレスコ画やデッサンと共に、言葉の固有の意味での色どりを取り戻していたのだ。さらにルカーノは、「移民たちの到着は希望をもたらしてくれた。かれらを受け入れることは財産だ」「この大きな連帯の流れを決して忘れることはないだろう」と主張する。加えて、「自分たちの良心を貶める命令を受け取るたびに、不服従を貫かねばならない」とも言う。

カレー[訳注24]では、何千人もの避難民が寒さと雨の下、泥の中で地べたに寝て生活している。人々は毎日、たたかれ、いじめられ、ものを盗まれ、追い出される。機動隊（force de l'ordre）や他の「セキュリティ」会社がやって来て、凍えるような寒さでも、テントを切り裂き、ナイフで切れ目を入れる。かれらの意識を辱めるに違いないこの秩序（ordre）を、かれらの胸の内では別の秩序が拒むだろう。新たな兵器が発明された。耳をつんざく甲高く耐えがたい騒音が、避難民たちのボートに投げかけられる。私たちの人間性も、寛容の度合いも、とてもとても低いところまで落ちた。何よりも危惧されるのは、まるで私たちの無関心ぶりが、坂道で頭から先に、次いで体全体で転げ落ちるかのような点だ。ゆえに、水を奪い食べ物に毒を盛り女も男も子供も斉唱しながら肺を自由平等友愛で一杯にして溺れさせるのだ。「《自由、平等、友愛》というのは、標語としては優れているが、中身がなければ意味がない」とは、私の好きなマクシム・リスボン[訳注25]がパリ・コミューンの後に残した言葉である。

「かれらは来なければよかったんだ」とつぶやく声が、「ここは俺たちの場所だ」と叫ぶ声が聞こえる。しかし、すべてはつながっている。もしも戦争で傷を負い、略奪で辱められた社会の中で暮らしているのでなければ、世界中で誰一人として、苦難に身を晒し、遭難の危険を冒し、見知らぬ国で軽蔑され手ひどく扱われるリスクを負わないだろう。すでにガーナやコンゴのことについて語ったが、これらの国の天然資源は搾取されている。他方でこれらの国では、栄養失調が横行している。かれらの富は横領されている。それは「豊かさの呪い」である。領土が鉱物や原料など天然資源に恵まれていればいるほど、蛮行が起こりやすい。絶えず更新される本源的蓄積の論理の中で、鉱業や農業・食品業、石油などの企業は、猛禽のごとく土地に足がかりをつくって占領し、土地を自分たちのものにしてそこから利潤を引き出し、資源を捕獲し、骨の髄まで腐敗した地方の有力者と共謀して、住民から略奪を働くのである。

アマルギ！

これらすべては、貿易あるいは金融の流れの外で生じる。つまり、負債がこうした国々の首を絞める。その過程はよく知られているが、これまでになかったことだ。どうしてそれに慣れてしまったのか。すなわち、貸付を行いその利子を要求し代わりに採算の合う部門では民営化を課し多国籍企業には法外な脱税特権を与え緊縮財政を行いその容赦なき適用を管理し武器購入の圧力をかけ……。トマ・サンカラ[訳注26]の推測によれば、負債は新たな植民地主義であり、独立後の仕返しである。「周到に準備された再征服だ」。事実それは、鍵となる新たな略奪により、人々を跪《ひざまず》かせて服従させる別のやり方であり、別の手段による隷属化である。「執達吏を派遣することができるのに、どうして暗殺者を派遣するのか」とベルトルト・ブレヒトは問う[訳注27]。とはいえ、トマ・サンカラ自身は暗殺された。抵抗した代償を払わねばならなかったのだ。

アマルティア・センが示したように、発展を阻害された国々の問題は一般的に、食糧資源の不足ではなく、住民が食糧資源にたどり着くための実効的可能性にある。収益性の要求を度外視すれば、地球上には全人口の二倍を養うことのできる食べ物があるが、一〇歳以下の子供は栄養不良で五秒に一人の割合で亡くなっており、こうした条件の下では、まさしくジャン・ジーグラーのように「飢えで亡くなる子供は殺された子供だ」と言うことができる。ジーグラーは統計上の数字を越えて、実際どういうことが起こっているのかをよりよく理解するためのイメージを示す。すなわち、二〇〇一年九月一一日、ワールドトレードセンターのビルが崩れ落ちた日に、世界で三万五〇〇〇人の子供が栄養不良で亡くなった、というものだ。毎日変わらずそれだけの子供が亡くなっているのだが、この日は象徴的にそうなのだ。

この間……二人の女性がさまざまな作業にかかわりながら相談している。彼女たちは現代の女性ではなく、二〇〇〇年以上前のバビロニアの女性である。彼女たちは、すでにうれしく感じている立派な宴会の準備をしている。もうすぐアマルギを迎えるのだ。アマルギとはバビロニア人にとって大行事であり、その日に債務が帳消しにされる。目盛りが零に戻され、帳簿の記載はすべて消される。彼女たちは回りながら踊り、有頂天になり、そのことを思うと笑みが絶えない。一人がもう一人に尋ねる。「アマルギ、あるいはそれと同等のものがない社会なんて想像できる？　考えられないわ。債務がたまって、悪循環に陥り、ある者たちは蟻地獄に陥り、ついには窒息して破滅するなんて。それで別の者たちは、最悪の借金を抱えた者が犠牲になる反面で暴利をむさぼり、著しい富を蓄えるなんて。そんなことになったら、笑うしかないわ」。事実、こんな突拍子もない思いつきに、彼女たちは大いなる歓喜の笑い声を上げながら退場する。このような舞台を想像したのはジュディット・ベルナール[訳注28]で、私の耳になお残る歓喜の笑い声は、現代のアマルギを夢見させる。

「まあこんなもんでしょう」

現状の世界の熱心な擁護者たる、とある特派員が、本当に美を愛していると私に書いてよこした。まるで私がそのことを疑っているかのように。そして、彼が別の心情を持つことをまるで私が知らないかのように、次のように付け加えた。「あなたが資本家を攻撃したら、資本家は血を流さないのでしょうか」。私は彼を安心させるために、誰も「資本家を攻撃する」つもりはないと言わざるをえなかった。資本家たちは元貴族であり、旧体制の擁護者たちだ。今回はかれらの首なり何なりが切り落とされることはないだろう。このシステムがより喜びに満ちた、より倫理的な生活形態に置き換われば、資本家たちもより健康になるだろう。かれらもより幸福になるに違いない。

株式・債券市場におけるトレーダーたちの生活は、概ね六時から二一時まで続き、ときとして昼食をとる間もないか、あるいは立ったまま食事をし、目はモニターに釘付けのままだ。四時間しか眠らない者も多くいる。寝ている間も、スワップ[訳注29]やストライク[訳注30]がトレーダーたちの頭にまとわりつくに違いない。利潤の最適化、利潤の最適化……かれらの夢の渦の中では、株式の銘柄やデリバティブ商品が次々と列を成してやって来ることだろう。かれらのことは理解できるし、仮にかれらが望むとすれば、同情もしうる。トレーダーのドーパミンは攻撃と競争であり、ヘリウムで満ちた風船のごとく膨らんだ投機の市場で、驚くべき数字をたたき出して他のトレーダーたちを圧倒することである。かれらは自分たちの翼を焼いてしまうリスクをつねに負っていると、認める者もいる。年配のトレーダーたちは、そもそも存在が稀であるが、かれらはいわば「生き残り」だと言われる。つまり株式・債券市場では若さが消費されるのだ。なんてことだ。いっそう同情に値するかもしれない。かれらの収入は黄金の手錠だ。「トップクラス」の年収は三〇〇万ユーロから四〇〇万ユーロにも達する。

　うまく設計された縮小版として、私は株式市場の売買を経験したことがある。全く幸いなことに虚構の設定で、私はまだ一〇歳だった。リール郊外の町で小学校五年生だったとき、学校が国のコンクールに参加していたのだ。生徒は株式や債券を購入したつもりになって、一番儲けた者が勝ちである。私のほうは全く勝てなかったが、地方紙『ラ・ヴォワ・デュ・ノール』は今でも毎日読んでいる。この新聞は私の両親が長年にわたって定期購読しており、私はかつてこの新聞で相場を追っていたのだ。熱心に、じりじりしながら、不安な気持ちで。そんなことはありえないように思われるかもしれないが、本当の話である。公立学校でのことである。当時は銭金の時代、もはや別様の社会はありえず、大いなる後退を経験した一〇年だった。異なる世界やかつて希求された世界を望むことが、あらゆる方面でつぶされようとしていた。今や資本と共に暮らす時代となった。資本と共に、というだけでなく、資本の中で暮らすようになった。資本を中心に生活がつくられ、空気のような当たり前の存在になった。フランソワ・キュッセは、この奇妙な時代におけるカルト的存在の歌「まあこんなもんでしょう《セ・コムサ》」を思い出しつつ、この宿命的雰囲気をうまくまとめている。「セーコムサアアアアアアア、ラララララ……」――レ・リタ・ミツコ[訳注31]はこの時代を支配していた諦めへの定めを見て取っていたのだろうか？　当時はまたベルナール・タピ[訳注32]の時代でもあり、彼は自身の番組「野心《アンビシオン》」を持っていて、そこでウィンクを投げかけ大げさな微笑みを浮かべて歌い始めた。それでもやはり、彼が歌い出すのは「私はアーティストになりたかった[訳注33]」。CQFD（よって証明せられたり）？

かれらの生み出す怪物

確かに資本主義は創造する。絶えず市場を開き、征服し、そのために発明を行う。重要で有用なモノも生み出すし、同じくらいガジェットの山も、計画的陳腐化[訳注34]の施された製品の堆積も生み出す。4G、5G、6Gとエスカレートしていくのは普通のことだ。厚かましくエコの装いをまとうこともある。ヴァンシ[訳注35]やトタルエナジーズ[訳注36]は何ともシニカルなことをしている。これらエコのなりをした会社は、よいことととされるゴミ選別から生じるガラス製品を製造している。しかしデポジット制のほうがまだよかった。子供時代のちょっとしたことだったが、空のビンを持っていくと、数サンチーム返ってきて、ビンはまたリユースされるのだとわかったものだ。リサイクルはといえば、これはさらなる市場となり、ひどい汚染をもたらすものとなっている。また、罰せられず、人目にもつかない形で荒廃を続けるのを可能にするために、新たな犯罪がでっち上げられている。例えば、屠畜場や家畜工場への侵入が禁錮刑一年の対象となっている。しかし、こうした集中管理の飼育場で何が起きているのか、ドキュメンタリーで明らかにすることは必要だ。すなわち、何十億もの動物を工業型飼育で虐待し苦しめ殺虫剤で満たし有害物質をあふれさせ土壌や大気や太陽や河川を汚染し工業が地球を呑み込むのを目の当たりにしながら自由放任の名の下にあらゆるものが摂取されていることを無視している。

資本主義は、自分では偉大だと思っている怪物を生み出しうる。例えばスーパーヨットがそうだ。光沢紙の雑誌上で競り合っている金持ちたちをめぐるグレゴリー・サルの仕事に私は依拠している。スーパーヨットはたんに資本主義の怪物にとどまらない。それはまた凡庸、社会的暴力、環境破壊、脱税、これ見よがしの誇示、そして最後には荒ぶる狂気ともなる。その常軌を逸したさまは、システムの似姿である。したがってそれを気まぐれで奇矯な趣味と見るのではなく、もっと一般的な現実——飛躍的に大きくなる経済格差、加速する環境崩壊、法的不公正など——が交差したところに現れる指標と見るべきである。スーパーヨットの船上で働いている者は一握りで、不当な圧力や過剰労働を押しつけられ、常軌を逸した要求やハラスメントを受ける「下僕」である。しかし労働条件に関して、また死亡事故に関してすら、ごくわずかの規制しか受けておらず、ましてや《ア・フォルシリオリ》訴追を受けることはない。というのも、法的粉飾があり、公海上のことであり、労働法の適用が免れる場所にいるからである。それで、自動車のボンネット大のシャワーヘッドが、水を一分間に四五リットル以上消費し、水もシャンパンもお好みで噴出できるといった下品なことがまかり通るのだ。スーパーヨットは一時間に二〇〇〇リットルものガソリンを食う。それがどれだけ汚染をもたらすかは容易に想像できるというものだ。二〇一六年、ビジネスマンのポール・アレンが持つスーパーヨットは、ケイマン諸島[訳注37]で一三〇〇〇平方メートルに及ぶ珊瑚礁にひどい損害を与えた。二〇二〇年には、別のスーパーヨットが世界遺産に指定されているベリーズ[訳注38]の環礁を台なしにした。ところで、ヨットの所有者たちはこうした甚大な汚染を引き起こしながらも、環境保護に配慮しているふりを続けている。最も大きなスーパーヨット三〇〇隻は年間で三〇万トン近くの二酸化炭素を排出しており、その量は小国数ヵ国分を上回るにもかかわらず、この分野の広報担当は「持続可能な発展」や「環境の持続可能性」といったことを口にし、よりエネルギー消費の少ない船上の空調について語る。実のところはすべて租税回避のため、いわゆる租税「回避地《パラダイス》」——意味が下品にねじ曲がっている——における便宜置籍船[訳注39]である。この怪物によって、改めて生産関係について、目もくらむ不平等について、社会正義について考えさせられる。詐欺罪で資格を剝奪された元企業弁護士のビル・ダッカーが高笑いした。「ジョークがあるんだ。こんなヨットの中でどんな暮らしがされているか、外の世界の人々が知ったら、すぐにギロチンを復活させるだろうね」。

雲の種をまく

確かにそうだ。資本主義は創造的衝動を有するが、同時に往々にして破壊をもたらす貪欲なエネルギーも有する。この貪欲から美が生まれることはあまりない。エスプレッソ・マシーンのカプセル一つに含まれるコーヒーの量は、石油化学由来の物質よりずっと少ない。ばかばかしさ一歩手前の商品を市場に出す発明の才には、全く感嘆するばかりである。最近のものでは、ライト付スリッパや、スパゲティ自動巻き取りフォークがある。一〇〇年前、電球の寿命は平均二五〇〇時間だった。販売を促進するため、寿命は一〇〇〇時間に制限された。この分野の産業人は「ポイボス・カルテル」[訳注40]で結託し、この結果に合意したのだが、こうして寿命を制限することは明らかにかれらの利益に適っていたのだった。ナイロンストッキングについても同様で、耐久性がよすぎるという理由で製造方式の変更が余儀なくされた。結果として、また以前と同じく「伝線する」ようになったのだ。この頃は洗濯機のいくつかで、ステンレスの洗濯槽にプラスチックの洗濯槽が取って代わることがある。より無骨さがとれたという理由で、ある種の「進歩」だとみなされている。修理が面倒なため、故障した場合の解決策はまるごと買い換えとなる。これも機能的に組み込まれた計画的陳腐化だが、流行の変化によって課される心理的陳腐化でもある。多くの社会において、日常使用するいくつかのものは生涯にわたってもつのが使命である。しかしここでは、より多く消費するよう促す新たな手管があり、それは早く捨てるように促すことである。食品の中には、消費期限がより製造日に近い「賞味期限」に置き換えられるものがある。資本主義が展開するのは、極めて不平等な形で分配される豊饒さだ。さらにどんな犠牲があるのだろうか。すなわち、広告をあふれさせ最も貴重なものを無駄にし種の絶滅をもたらし種を周到に皆殺しにし生けるものを台なしにし今や神に由来するものでないとわかっている災厄やバッタの大群や山火事の大火から流れ出る汚染物質に満ちた雲が襲いかかり何十億もの動物が焼死しそれでもさらにさらに欲望は続き信頼の置かれている資本がそれ自体欲望をはらんでいる限り、それは続く。

もちろん、皮肉っているだけでは十分ではなく、いかがわしい製品をつくるのに必要とされる荒廃に対して警戒するだけでは足りない。多くの機械のおかげで家事労働は軽減され、したがって何よりも女性の労働が軽減された。共同洗濯場や洗濯べらの時代に戻ろうとは誰も思わない。資本主義のおかげで、健康は改善され平均寿命は延びたと言われる。しかし資本主義が医薬品やワクチン、治療策の生産を支配する原理とはならない。否、資本主義とは、目的の目的たる大文字の進歩に向かって地道に歩みを続ける一直線の行程では全くない。ここ数十年の間に、かつてないペースの早さで三〇〇種以上の感染症が出現している。パンデミックの近年の歴史においてコロナウイルスが大きな場所を占めているが、他にも多くが存在し、種の壁を越えて人獣共通の感染症となる一方、ノコギリからブルドーザーに至るまでの手段で森林全体が破壊されている。今や不可逆的・殺人的な形で悪がなされた以上、発明の才にはエンジニアリングで対抗しなければならない。すなわち、気候変動に適応するよう種の遺伝子を改変し太陽熱放射を減じるために海洋面をクリーム状の泡で覆い海洋の反射係数《アルベド》を変え生物を常に操作し生物界に無理やり入り込み自然資本を見つけ出し生体ハッキングを行いヨウ化銀で雲の種をまき太陽光線から地球を保護するために大気中に無数の反射鏡を設置し……。否、資本主義によって命は救われない。それなしでも医学の知はうまくやっていける。世界のある地域では、医薬品業界の企業連合によって平均寿命が短くなっている。特許のせいで、住民全体が不可欠な治療法を奪われているからだ。女性も男性も子供も、もっと生きることができるのに、治療法に手が届かないがために亡くなっている。健康は共有の財産である。利益やそれへの執着とは関係なく、健康が社会のものとなり、健康が全員の、そして一人ひとりのものとなるよう、私たちはためらいなく要求すべきである。エリック・オリン・ライトは正しく事態を見ていた。なされるべきは、世界を以前の状態と比較してではなく、世界のあるべき状態と比較して、苦痛の軽減を図ることである。この見方からすれば、資本主義は根絶すべき苦痛の諸形態を生み出し続けている。あるいは、アンドレアス・マルム[訳注41]が直截かつ明確な形で述べているように「所有で地球が犠牲となる」。

いかに生活しうるのか

過度に崇められている生産手段の私的所有を廃棄するだけでは十分ではないだろうが、それが真の解放に向けての決定的な一歩である。世界の富を生み出したのは私たちなのだから。私的専有によって、生産のための生産、蓄積のための蓄積が課され、従属が生まれ、不当な課税や奴隷制が生じる。私たちが夢見るのは、災いを食い止めることであり、私たちの生命にとっては搾取を食い止めることである。ウェンディ・ブラウンは正当にも次のように問う。「人民の権力がもはやいかなる形でも行使されなくなったのはどうしてか？」。民主主義を活気づけるのではなく、根本から立て直さねばならない。生産や消費の中で、あるいは別様に生活しつつ、ますます多くの者が資本の野蛮化から逃れようとしている。自主的な活動により、別様の使用法、確かな感触を備えた代替案が、より広範な規模で準備されつつある。共有のもの《コモンズ》や自治形態の実践に根付いた習慣の分だけ、人々は自身の生活を取り戻すことができる。そうした習慣はますます広がっていくだろう。覚えておかねばならないのは、過去にこうした経験は力の増大と喜びの形をあらゆる男女や個人にもたらしてきたことである。アメリカ・インディアンの諸社会から、パリ・コミューン、スペイン革命を経て、ロジャヴァ[訳注42]に至るまで、共有の経験をつうじて人々の魂と命は豊かになった。

　こうした経験は選挙という回路に依拠しうるだろうか。ありえないことではないし、それは各自で判断することだ。ローラーの動きを止めるもの、猶予を与えてくれるものは何でも試してみるべきであろう。たんに一時的な緩和ではなく、政府が装甲車やブルドーザーを派遣することなく別様に生きるための突破口となるものならば。搾取拡大に対抗する措置ともなる改革プログラムがある。こうした改革が実行されるための具体的条件を、さらに認識する必要がある。必要な力関係を計り、資本が自由放任で動くとは想定しないこと。要は、熱意と楽観と明晰さを混ぜ合わせることだ。とくに、根元から抜本的転換を達成する必要があるように思われる。それは革命的出来事、あるいは長期にわたる断絶の形をとるのだろうか。すべてはどう腑分けするかにかかっている。さまざまな時間の流れを想像しうる。長期にわたる緩慢な変容もあれば、加速する状況もあるだろうし、もちろん革命もあるだろう。さまざまなレベルは入れ子構造になりうる。決定への関与や絶対的平等なくして実行なし。また、労働や生活に最も近いところにある具体的な自治体における民主主義の定着なくして実行なし。ローカルレベルの生産が、より広範囲にわたる他の生産と結びつき、それらの生産を要求する別の生産同士が、厳密な集権化というよりは連邦的な協働で結びつく。拡大された社会的安全の原理、金銭を介さないできる限り集合的な所有、使用やアクセス権の重視——近くに一台洗濯機があれば、誰も自分の洗濯機を持つ必要はなくなる。モノを所有することなく享受することができる。モノを共有する喜びが生まれる。現在における共有のもの《コモンズ》、協働の実践、参加型の研究、相互扶助、デジタル百科事典、豊富な個別指導、惜しみない知への嗜好、忘れられた実践への回帰。何より、搾取者や株主と手を切ることが肝心だ。この者たち自身とではなく、かれらの所有の論理から手を切ることが。これらすべてのためには、抑制のない生産至上主義と社会分業の終焉が前提となる。

時はまさに迫っている。事態は切迫しており、破壊の危険は途方もない。悪夢が予期され、あるいはすでに始まっている。ゆえに党派的な論争はやめるべきだ。不協和はつきもので、もはや翼の重りではない。不協和をすぐに分裂の火種にすることなく、むしろ当然のこととして受け止め、豊かさの糧としなければならない。パリ・コミューン下では「連盟を組む」ということが言われた。この言葉は重要で美しい。旗印を掲げるのはやめて、最終的に言葉を見つけねばならない。ジュディット・ベルナールやベルナール・フリオ[訳注43]、フレデリック・ロルドン[訳注44]が、長い痛手から生じた長い自己検閲の後、「コミュニズムの欲望」「コミュニズムの形象」を喚起しつつ、また用語も希望も引き受けつつ表明することを、私も共有する。「コミュニズム」はフレデリック・ロルドンが述べるように「呪われた記号」だが、歴史が私たちに教えることとはかかわりがない。反射的に考えられることとは、たんに無関係である。コミュニズムは正義と公正に基づく世界として定義しうる。高さをそろえた絶対的平等ではなく、財産や善き生活手段への等しいアクセスを意味する。人間的な開花、生命の尊重、すべての者の、また各人の尊厳として考えられた生活を目指す。共通のものに関して決定を下すために議論する能力は共有されている。それは競争と、抑圧へと至るその破壊的結果との対極である。軽んじられ、往々にして蔑《さげす》まれてきた存在への軽蔑を拒絶し、互いに等しい者と感じることである。所有は利潤のためではなく使用のためであり、創造をもたらす才能や力能が花開き、最大多数の者が、可能な限り最大限の知識にアクセスすることが可能な世界である。もしも「コミュニズム」の語があまりにも擦り切れ、傷を負っているとすれば、それに取って代わる別の言葉を生み出そう。そうすれば、たんに生産手段の集合的所有にかかわるものではないことが理解されるだろう。それは必要な基準だが唯一の価値ではない。目指すべき価値は幸福であり、所有の歴史において幸福が十分に語られることはなかったのだから。

「いかに生活しうるのか」――画家、詩人、印刷工、写本装飾師、翻訳者でもあったイギリスの社会主義者ウィリアム・モリスは、一八八四年の演説をこのように題し、次のように断じる。「貧者に対して我々が望むのは復讐ではない。幸福である」[訳注45]。モリスはまぜものやまがいもの、粗悪品と手を切り、人々がそれらの奴隷であることをやめ、それらの買い手となることをやめるよう望んだ。彼はまた美への権利を支持した。息をすること。生活の完成のために時間を見つけること。荒れ狂った、表面的で無益な生産と手を切ること。美しい町や生活をつくり出し、通りを広告ではなく芸術や空間、色彩で満たすこと。重要なのはこれらの根底にあるもの、すなわち幸福である。

ここで書誌を提示することは不可能である。提示するとすれば、本章とほぼ同じページ数を費やすことになってしまうだろう。私はとくに以下の者たちの仕事から着想を得てきた。ギュンター・アンダース、ジェローム・バシェ、デルフィーヌ・ボエール、ジュディット・ベルナール、クリストフ・ボルタンスキー、クリストフ・ボヌイユ、ブノワ・ボリッツ、テレサ・ブレナン、ウェンディ・ブラウン、コルネリウス・カストリアディス、エメ・セゼール、ジョナサン・クレーリー、ピエール・クレトワ、オリヴィエ・シラン、ピエール・ダルド、クリスティーヌ・デルフィ、マリー＝アンヌ・デュジャリエ、エムリック・エリュアン、シルヴィア・フェデリーチ、フランツ・ファノン、イザベル・フェレーラ、セバスティアン・フォントネル、ナンシー・フレイザー、ベルナール・フリオ、イザベル・ガーロ、ロマリック・ゴダン、アンドレ・ゴルツ、オ・ゲガン、サミュエル・アイヤット、ローラン・ジャンピエール、ウルスラ・ヒューズ、クリスティアン・ラヴァル、マウリツィオ・ラッツァラート、フレデリック・ロルドン、アンリ・マレール、アンドレアス・マルム、エレン・メイクシンズ・ウッド、マーサ・ヌスバウム、ナオミ・オレスケス、ユゴー・パレータ、アリアンヌ・プッチーニ、ジェレミー・リフキン、アマルティア・セン、エレーヌ・トルジマン、フランソワーズ、ヴェルジェス、エリック・オリン・ライトそしてアトリエ・ド・ランテモンド。

内容を私に白紙委任し、「リベル」叢書で執筆の機会を与えてくれたジュリー・クラリーニには心より感謝している。編集作業にあたってくれたアントワーヌ・ベーム、どうもありがとう。私のために時間を割き、意見や助言をくれた以下の者たちにも感謝したい。サラ・アルマタリ、マルク・アンドレ、クリスティーヌ・バール、アルノ・ベルティナ、ダニエル・ブロンデ、オリヴィエ・シラン、クリスティーヌ・デルフィ、セルジュ・イグナツィオ、ベルナール・フリオ、マイテ・グイヤール、サミュエル・アイヤット、エレア・エッツェル、ヌーマ・エッツェル、ローラン・ジャンピエール、ミシェル・ココレフ、ジャン＝イヴ・ルザージュ、フレデリック・ロルドン、クリスティアン・マイウー、ソフィー・メンデルソン、サンドラ・メヴレル、（本章の題名を考えてくれた）ユゴー・パレータ、ユージェニア・パリエラキ、フレデリック・パシャル、オサイン・サデージ、セリアンヌ・スヴォボダ。当然のことながら、本書に向けられる批判の責任を負うのは私のみである。

訳注

1――ダンテ『神曲』で描かれる地獄の最下層。

2――「無垢の予兆」松島正一編『対訳 ブレイク詩集――イギリス詩人選(4)』（岩波文庫、二〇〇四年）三一九ページ。

3――ヴォルテール『カンディード』（斉藤悦則訳、光文社古典新訳文庫、二〇一五年）一二二ページ。

4――大企業の高層ビルが建ち並ぶパリ西部近郊の都市再開発地区。

5――「サイバー」と「プロレタリアート」の合成語。情報コミュニケーション技術が可能にする遠隔・分散型の労働に従事し、短期の契約やフリーランスなど不安定な雇用のもとに置かれる労働者たちのこと。

6――フランスの大手建設会社。メディア・通信事業にも進出している。

7――国際調査報道ジャーナリスト連合が入手した租税回避に関する資料。

8――世界中に店舗を展開するドイツのディスカウント・スーパーマーケット・チェーン。
9――リシャール・フェランはフランスの政治家。元は社会党の議員だったが、マクロン大統領に近い立場をとるようになり、二〇一八年からは国民議会議長を務める。
10――第二次世界大戦後、一九七三年の石油危機までおよそ三〇年間続いた高度経済成長期。
11――アフリカ南部ナミビアで二〇世紀初頭、ドイツ帝国が先住民に対して行った虐殺。
12――エメ・セゼール（一九一三〜二〇〇八）は、フランスの植民地であったカリブ海マルティニーク島出身の詩人・政治家。主な著作に『帰郷ノート／植民地主義論』（砂野幸稔訳、平凡社ライブラリー、二〇〇四年）がある。
13――米国の大手IT企業のGoogle（グーグル）、Apple（アップル）、Facebook（フェイスブック）［現在の社名はメタ（Meta）］、Amazon（アマゾン）の頭文字。
14――北米大陸に多く棲息し、スズメ目ホオジロ科に分類される鳥類。
15――ジョナサン・クレーリー『24／7　眠らない社会』（岡田温司監訳、石谷治寛訳、NTT出版、二〇一七年）。
16――ジェローム・バシェは中世史の研究者であったが、メキシコのサパティスモ運動などに関心を持ち、『さらば資本主義――自律、善き生活の社会、世界の複数性』（二〇一六年）など、現代社会についての多くの著作を出している。
17――エリック・オリン・ライトは、階級概念の更新に取り組んだ米国の分析的マルクス主義社会学者。
18――一九九九年の米国映画でブラッド・ピット主演。自動車会社でリコールを担当するエリート会社員が謎の男と出会い、秘密組織「ファイト・クラブ」に深くかかわるようになる。
19――米国カリフォルニア州ロサンゼルス郊外の小さな町。
20――副作用などが原因で訴訟の対象となった薬剤や器具の商品名。

21――アンディ・ビックルバウムとマイク・ボナーノを中心としたグループで、『イエスメン――大資本と戦うお笑いテロリスト』（二〇〇三年）、『イエスメン2――今度は戦争だ！』（二〇〇九年）、『イエスメンの反乱』（二〇一四年）などの作品を発表した。

22――ファッションブランドやスーパー名。他にも工場はグッチやプラダ、ウォルマートなどから生産を受託していた。崩落事故が起こったのは二〇一三年四月二四日。

23――黄色いベスト運動における警官の市民に向けた暴力を捉えたドキュメンタリー映画。フランスでは二〇二〇年に、日本でも二〇二二年から公開されている。

24――英仏海峡近くにあるフランスの港町。

25――マクシム・リスボン（一八三九～一九〇五）はフランスの劇作家・政治家。パリ・コミューン時代は国民衛兵中央委員会のメンバーや第一〇連隊長に選ばれる。コミューン崩壊後にはニューカレドニアに流刑、一八八〇年に恩赦を受け帰国。

26――トマ・サンカラ（一九四九～一九八七）は、フランス領西アフリカで植民地主義に抵抗し、ブルキナファソ大統領となるが、三七歳で暗殺された。

27――行政による命令や司法による決定を通達・実行する任務を帯びた官吏。

28――ジュディット・ベルナールはフランスの文学・演劇研究者で、劇作家、女優。

29――デリバティブ取引（金利・債権・為替・株式等から派生した取引）の一種で、あらかじめ決められた条件に基づいて、将来の一定期間キャッシュフローを交換する取引。

30――オプション取引でオプションの買い手が権利を行使する際に、あらかじめ決められた原資産の価格のこと。

31――ギターとボーカルの二人から成るフランスのポップロック・グループ。

32――ベルナール・タピ（一九四三～二〇二一）は、フランスの実業家、政治家、俳優、サッカー一部リーグ・

オランピック・マルセイユ会長。
33――成功したビジネスマンが、幸せそうに見えるが実は不幸だと嘆く歌。
34――製品に寿命を短縮する仕組をあらかじめ組み込むこと。
35――世界一〇〇ヵ国に進出するフランスの建設会社。
36――パリ近郊に本社を置く国際石油資本。
37――租税回避地として使われるカリブ海にあるイギリス領の島々。
38――ユカタン半島の付け根にある英連邦王国に属する国。
39――課税や規制を逃れるため、船主の所在国とは異なる国家に船籍を置く船。
40――戦間期に白熱電球の計画的陳腐化のために結成された国際的企業協約。
41――アンドレアス・マルムはスウェーデンの活動家・研究者。主な著書に『化石資本――蒸気力の興隆と地球温暖化の起源』(二〇一六年)など。
42――アラブの春以降、シリア北部で自治区を手にしたクルド人たちが女性を中心として大衆民主主義をつくり上げた地。
43――ベルナール・フリオは、ヨーロッパ諸国の賃金・社会保障制度の比較研究を行うフランスの社会学者、フランス共産党員。
44――フレデリック・ロルドンは急進左派の活動家・知識人に支持されるフランスの経済学者。『私たちの〝感情〟と〝欲望〟は、いかに資本主義に偽造されているか――新自由社会における〈感情の構造〉』(杉村昌昭訳、作品社、二〇一六年)など多くの著作がある。
45――"How We Live and How We Might Live" in *Political Writings of William Morris*, Lawrence and Wishart, 1973, p.135.

訳者解説

尾上修悟

フランスのスイユ出版社は、大統領選直前の二〇二二年初旬から新たに小冊子のシリーズを刊行した。それは、情報を掘り下げることで論争に先手を打とうとするものである。同出版社はこの作品集をつうじて、公の議論で見落とされている部分が埋め合わされることを願っている。そこで本書はそれらの中から四冊を選び出し、各々訳したものである。ただし訳者序文で述べたように、それらはいずれも差別と不平等に関連したテーマについて論じている。以下では、そこでの議論を踏まえつつ、差別と不平等に関する問題を四つの論点に整理しながら、主にフランスを例として論じることにしたい。

一．人種差別とナショナリズム

フランスでは大統領選を前にして、一つの驚くべき、かつまた危惧すべき政治的現象が二〇二一年の後半から突如現れた。それは、「ゼムール現象」とも呼べるものであった。E・ゼムールは、フランスのテレビのニュース番組であるCニュースのキャスターを務める政治評論家である。彼は今まで、極端な人種差別発言を行って法的な制裁を受けたほどの超ナショナリストとして悪名高い人物であった。その彼が、大統領選の候補者として名乗りを上げたのである。問題は、彼の人気の急激な高まりであった。[1] 二〇二一年八月のアンケートでは、ゼムールの支持率は七％ほどであり、M・ル・ペン（二一％）やE・マクロン（二三％）のそれをはるかに下回っていた。ところが、それから一ヵ月も経たないうちに、ゼムールの支持率は以前の倍以上（一六％）にはね上がり、彼は本選に残るかもしれないという予想がなされたのである。[2] これにより、良識あるフランス人は誰しも、ル・ペン以上に過激な極右派の登場に対して強い不安を抱いたに違いない。

いったい、フランスの社会で何が起きたのであろうか。ゼムールを支持する有権者の政治的な考えは非常にはっきりしている。かれらの大半は極めて急進的な右派のナショナリストであり、したがってかれらの一番の心配事は移民であった。実際にかれらのほとんどは、フランスの社会は移民を締め出す必要があると考えている。他方でかれらは、社会的不平等の問題には全く関心を示していない。こうした思考の下に、ゼムール支持者は年齢を問わず強く団結した。まさにゼムールこそが、かれらの主張を実現できる人物として現れたのである。

では、ゼムールの主義主張はいかなるものか。彼の思考にとってキーとなる言葉は二つ、すなわち移民とイスラム教である[3]（第三章参照）。ゼムールは、移民の侵入が国家の存立さえ脅かすとみなす。ここには、移民がフランス人に代わって共和国を支配するというグレート・リプレイスメント論がある。彼に言わせれば、この理論は神話でもないし陰謀論でもない。それは容赦のないプロセスを示すものである。しかもこの移民は、イスラム教と密接に結びつく。フランス社会の将来はそれゆえ、イスラム社会に脅かされることになる。イスラム文明はキリスト教を崩壊させ、フランス人を苦しめる。イスラム教は危険因子に他ならない。だから白人としてのフランス人を守るため、文明の戦争が開始されねばならない。それはまさに市民戦争を意味する。ゼムールはこのように主張するのである。

彼の思考は端的に言えば、外国人嫌いとして表せる。そこには、非白人に対する人種的な強い対抗心が見られる。それゆえこの考えはエスニック・ナショナリズムとも称されよう。グレート・リプレイスメント論により、欧州のイスラム化という逆転した植民地化が故意に吹聴された。白人のナショナリズムと極右のポピュリズムとの融合が、西側の世界で進められた。ゼムールこそ、この傾向を政治的に最も煽った人物の一人であった。こうして彼の支持者は、反移民と反イスラム教のプロジェクトに魅せられたのである。

一方、ゼムールの世界観は暴力の世界である（第三章参照）。そこでは、すべての人間関係は支配のための闘争に基づいており、その行き着く先は勝利と征服しかない。彼はこうして、人々の間に脅迫観念を植え付け、敵対関係をつくり出す。これにより、市民戦争としての人種間の戦争が叫ばれる。ゼムールは、確実に人種の概念にとり憑かれている。それは彼にとって理論武装の要となる。人種間の戦争は、非文明人としての非白人（イスラム人）と文明人としての白人の間の戦争である。そこで、この戦争に勝つためには強い国家権力が必要とされる。その底流に、中央集権的な国家主権主義が潜んでいることは言うまでもない。実際に彼は、フランス共和国の法を非難しながら、イスラム教徒をいかに「再征服」するかを訴えた[4]。そこでは、イスラム教のフランス化が強調される。しかしこうした考えは、フランス共和国の政治を支える一つの柱であるライシテ（政教分離）の原則に明らかに抵触する。同原則に拠って立てば、国家は宗教問題に介入できないからである。

ゼムールはこのようにして、極右の白人優先主義者や超保守的なカトリック信者の間で急速に支持を拡大させた。そして、この傾向を推進する一大動力となったのが、テレビ局をつうじたマスメディアであった。フランスで複数の民営テレビ局を支配するV・ボロレは、特定の政治プロジェクトを唯一の政治思想として、視聴者にテレビ放映でアピールした。(5) ゼムールの政治評論で人気を博したCニュースはその典型であった。彼の人気の異常なほどの高まりは、実はそうしたテレビ放映と密接に結びついていたのである。

しかし、情報はそもそも公共財のはずではないか。それは、民主主義を維持させる根本的条件の一つであるに違いない。それゆえ、テレビで流される多様な表現に対し、関係者は責任を持たねばならない。ところがボロレは、そうした公共の領域を私物化した。ゼムールの政治評論はその落とし子である。ゼムールはこうして、非民主的なテレビ放映の下で人種差別のような非民主的なテーマを、公に堂々と語ることができた。これに対して、制御する手段を何も持てない政治のあり方も当然問われるであろう。

ところで、ゼムールの登場で最も大きな影響を受けた政治家は、同じく極右派のル・ペンである。確かにル・ペンは、もはやゼムールほど過激ではない。しかし基本的な考え方の点で、両者の間に隔たりはない。フランス人のアイデンティティに関して、ル・ペンはそれを守るのが大統領の役割であるとし、フランスにおける外国人はフランスの生活様式と社会に同化すべきと主張する。(6) この点で彼女は、ゼムールの考えと何ら変わらない。そして彼女の率いる国民連合の動きも、選挙キャンペーンが進む中でゼムールの運動と非常に近くなる。それは、「フランス人のフランス」や「フランス人ファースト」という表現で示されるように、極めて人種差別的な動きを表した。その意味でゼムールとル・ペンは、移民や国民的アイデンティティに関してほとんど同じプロジェクトを提示したと言ってよい。

このようにして見れば、ゼムールとル・ペンは対立的関係どころか、逆に親密な関係を保っていると言わねばならない。それは、アイデンティティや移民の問題に関する見解にはっきり表されている。だからこそフランスの有権者の多くは、大統領選直前においてもル・ペンが民主主義にとって危険であると考えていたのである(7)。まさに外国人嫌いの超ナショナリストが増大することは、多様で平等な社会の建設を阻むリスクを生むと言わねばならない。ゼムール現象はそれを予感させるものであり、我々はそうした傾向を断ち切る必要がある。

二．人種差別と社会分裂

人種とはいったい何か。人種差別の問題を論じる際に、まずこの問いに答えることから始めなければならない。欧州におけるこの言葉の本来の意味は、我々が通常イメージする内容と異なっている。それは、何世代にもわたって続く家族のことをそもそも示していた。ところが、その言葉に新たな意味、すなわち共通の肌の色を持つ人々全体を指す意味が付け加わったのである。今日、人種という言葉から直ちに思い浮かべる意味は言うまでもなく後者であろう。では、どうしてそのような意味が新しく加わったのか。それは実は、イギリスやフランスを中心とするかつてのヨーロッパの列強による植民地支配と深く関係している。植民地支配者は植民地の行政管理上、支配国の人々と現地の人々とを峻別するために、肌の色を判断基準として人種という新たなカテゴリーを設けたのである。これにより、白人と有色人（そのほとんどは黒人）の二つのカテゴリーから成る区分が出来上がり、それは両者の間の敵対関係を長期にわたって生み出してきた（第一章参照）。その意味で人種なる概念は、まさしくヨーロッパの旧宗主国が歴史的かつまた人為的につくり出した概念であった。そしてこの概念は、社会的に生み出される力関係を表すものとして今日まで存在し続けているのである[8]。

最近の世界の歴史に関する研究は、グローバル・ヒストリーという新たな視点の下に急速な発展を遂げており、それは、ヨーロッパが植民地帝国を築き上げた理由を明らかにした[9]。ヨーロッパの植民地支配のシステムは、産業資本主義の発展と密接に結びついていた。さらに、ぜひとも忘れてならないことは、そうしたヨーロッパの工業生産に必要な燃料を含めた原材料の生産を担ったのが、主としてアフリカの黒人奴隷であったという点である。そうした奴隷は、アフリカ大陸から遠路はるばる新大陸に運ばれた。それがいわゆる大西洋奴隷貿易であった。そこでは人間が奴隷という一つの商品として扱われ、奴隷商人によって売買された[10]。人類史上最大の犯罪とも言うべき奴隷貿易が盛んに行われていたのである。米国黒人史の研究者でフランスの教育相であるP・エヌディアイも、奴隷貿易の極めて非人道的な暴力性を克明に描いている[11]。

要するに、ヨーロッパの列強による奴隷制に基づく植民地主義は、周辺部としての新大陸を自分たちの利益になるようなシステムに組み込んだのである。さらに、ここで次の二つの点を強調しておく必要がある。一つは、奴隷制がそれほど重要であったにもかかわらず、その実態は依然として十分に明らかにされていないことであり、もう一つは、奴隷貿易という重大な罪を犯したのに、ヨーロッパ諸国や米国の間でその自覚と反省が極めて乏しいことである。後者の点に関して例えば米国の黒人は、奴隷解放後も法的に差別の対象とされた。米国社会はこうして、白人社会と黒人社会にはっきりと分裂する様相を呈した。黒人解放運動をつうじてやっと黒人に公民権を与える法案が成立したのは、奴隷解放から実に一世紀も経ってからであった。では、それによって黒人差別が完全に消え去ったかといえば全然そうではない。否、むしろ差別が高まっている気配さえある。このように、黒人を中心とする非白人に対する差別は、米国のみならずヨーロッパの至るところで見られるのが現状である。

　こうした中で、世界中に新たな反人種差別運動が一つの社会運動として引き起こされている。過去の奴隷制や植民地主義の残した傷跡が数世紀を経た現代においても、人種差別問題として根深く現れているからである。このことに対する抗議運動が至るところで展開されている。それを代表するのが、米国で二〇一〇年代前半から発せられたブラック・ライブズ・マター（ＢＬＭ）の運動であろう。これは、とりわけ一九六〇年代に激化した黒人パワーによる反差別運動を引き継いでいる[12]。この社会運動はまさしく、黒人の人たちが経験した人種差別や諸々の不平等な扱いに焦点を当てながら、とりわけ警察官による黒人に対する極めて乱暴な、そしてときには殺害してしまうほどのひどい取締に抗議するものである。よく知られているように、二〇二〇年に起こったジョージ・フロイドの警察官による殺害は、同運動を全世界的規模で広めるきっかけとなった。フランスでも、同様の事件をめぐって大規模なデモが起こっている。ＢＬＭはまさに、黒人差別が依然として存在する米国社会の不公正を強く批判したものに他ならない。

他方で、このＢＬＭと並んでウォークやキャンセルカルチャーという運動も展開されている（第二章参照）。ウォークは、奴隷社会で育ったアフリカ系アメリカ人の固有の言葉に由来すると言われ、それは人種差別に対する警告を意味している。これにより、差別されて不平等な扱いを受けている黒人社会の現状に人々が気づかされる。それゆえウォークは、左派の政治イデオロギーを成す。これに対し、進歩的な社会運動に反対する立場の人々は、この言葉を全く尊重しない。例えば、二〇二一年秋に当時のフランスの教育相であったＪ＝Ｍ・ブランケはテレビのインタビューで、ウォーク主義はマイノリティの権利を擁護する活動家から生まれた新しい蒙昧主義であり、それは民主主義を崩壊させて全体主義への道に導くと語っている[13]。しかし、現実は全くその逆であった。米国で起こった国会議事堂への極右ナショナリストの乱入は、文字どおり民主主義の危機であり、それはウォーク主義に反対する人々によって引き起こされたのである。この点を忘れてはならない。

一方、二〇一〇年代後半からキャンセルカルチャーという用語が現れ始める。これは、人種差別的な文化をもはや望まないとする急進左派の問題提起として表された。そうした文化は、抑圧された人々を無視するものとしてつくられたのであり、かれらはそれを非難したのである。したがってこの言葉も、ＢＬＭやウォークと相つうじている。そしてキャンセルカルチャーという抗議運動は、社会・経済的公正を訴えるものであり、それは政府に対する人民の圧力を示す。また同運動をとりわけ象徴的に表すのが、公共の場に立つ銅像の破壊行為である（第二章参照）。そうした行為は、米国での黒人差別に端を発しているが、それこそ奴隷貿易を推進したヨーロッパでも盛んに見られる。

このキャンセルカルチャーという社会運動の背後に、繰り返しになるが欧米諸国における人種差別の残存という問題が横たわっていることは疑いない。かつての奴隷制によって非ヨーロッパ人が抑圧されたことは今日、人種差別という形で受け継がれている。それにもかかわらず、欧米諸国でそうした犯罪的な植民地主義を誇る銅像が数多く存立し、それらは、差別を受けている人々の前に立ちはだかっているのである。活動家はそれゆえ、現行の西側の政府がそのような忌まわしい歴史から何も学んでいないことを示すために、それらを破壊したと言ってよい。この破壊は、現代においてもなお植民地主義の痕跡が見られることに対して、抑圧されてきた人々の起こした示威行為であった。キャンセルカルチャーはその意味で、まさに人種差別の歴史と現状を気づかせる（ウォーク）ものである。同時にそれは、今まで公に語られてきた植民地支配者側からの歴史を塗り替えるものであると言わねばならない。

ところで、先に見たようにゼムールの唱えるグレート・リプレイスメント論にしたがえば、フランスは、フランス人社会と移民社会に分裂し、両者の間に敵対関係が生まれる（第三章参照）。だから移民を排斥すべきとする人種差別論が展開される。フランス社会は本当にそうなるのか。まずは実態をきちんと把握する必要がある。フランスの国立統計経済研究所と国立人口統計学研究所は二〇二二年七月初めに、フランスにおける移民の調査結果を公表した。[14] それは二〇一九〜二〇二〇年の統計で、三世代にわたる移民出身者のフランスの人口に占める割合を調べたものである。それによれば、一八歳以上六〇歳未満の三世代にわたる移民出身者は人口全体の三二%、すなわち三分の一弱であることがわかる。また、移民の子供の半分は移民でない親を持っている。この点は、第三世代に関していっそう真実である。そうした子供たちと移民との関係は、ますます遠いものとなる。このような人々の出身の分散は、異人種間の結婚が増大したことによる（第一章参照）。移民の子孫の六六%（約三分の二）は、移民の先祖を持っていない人と結婚しているのである。これにより、フランス社会における人々と移民との関係はますますぼやけることになる。

以上の統計的検証を踏まえると、グレート・リプレイスメント論という人種主義的理論はとうてい容認できない。極右派ナショナリストがフランスの人々を扇動するために、いかに事実を歪曲して移民の姿を誇張したかがよくわかる。そもそもこの理論は、新規の移民とは何ら関係しない。では過去の移民はどうかといえば、その家系はいっそう混ざり合ったものとなっている。それは大きな分枝を表している。以上に見た調査結果は、フランスの人々の出身の多様化を明らかにするものであり、それはまたフランスにおける移民の歴史を反映するものである。

他方で今日、フランスにおける人種差別は消えていない。否、むしろそれは強まっている。フランス大統領選を前にして、アイデンティティと出身に関する議論が過熱したのはその証左である。[15]また、先に見た国立統計経済研究所と国立人口統計学研究所による調査においても、そうした差別をはっきり見ることができる。[16]そこでは、「過去五年間に不平等あるいは差別的な扱いを受けたことがあるか」という質問に対し、一九〜四一歳の人たちの一九%がイエスと答えている。これは、前回の二〇〇八〜二〇〇九年の調査における比率（一四%）を大きく上回っているのである。この比率の上昇は、当然に差別を受けている人の数がこの一〇年間に増えたことを意味する。そしてこの点は、とりわけ移民に関して当てはまる。アフリカを出身地とする移民の子孫が、とくに男性の間で差別を受けている。男性にとって、出身、国籍、ならびに肌の色が主たる差別要因となる。このようにして見ると、移民出身者に対する人種差別は依然として根強く残っている。だからこそ今日、反人種差別政策を具体的に打ち出すことが強く求められるのである。

三．差別と社会・経済的不平等

フランスのコレージュ・ド・フランス教授で著名な社会学者のP・ロザンバロンは、大統領選の前年に『生活の苦難』と題した書物をスイユ出版社から刊行した(17)。そこで彼は、黄色いベスト運動に代表されるような、マクロン政権下で引き起こされたさまざまな社会運動を念頭に入れながら、一般の人々の生活における苦難という観点からフランス社会が直面する新たな課題を明らかにした。その際に、人々の社会的関係をめぐる苦難が示された(18)。この苦難はかれらに対する軽視、不公正、ならびに差別に分けられる。これらの苦難が人々の恨みや怒りを生み出し、一大社会運動を展開させた。黄色いベスト運動はその典型であった。ロザンバロンはこのように捉える。ここで念を押しておくべきは、そうした苦難を味わう人々は社会的弱者であるという点であろう。そしてその中に、人種差別に基づく社会・経済的不平等を受ける移民出身者が含まれていることは言うまでもない。したがって、差別問題はたんに政治・文化的な問題としてだけでなく、社会・経済的な問題として分析されねばならないのである（第一章参照）。

こうした中で極右派のル・ペンは、そのように苦しんでいる人たちの中に外国人を含めていない[19]。彼女は、国民的連帯はあくまで国民的なものであると主張する。この点はゼムールと同じである。それゆえル・ペンもゼムールも、フランスで生活している外国人に対して支払われる社会的手当を廃止ないし規制したい。ル・ペンは、例えば家族手当を、フランス人に対してのみ供与することを望む。ゼムールに至っては、非ヨーロッパ人を手当の対象から排除すべきと唱える。

しかし、そのような超ナショナリストの考えはそもそも、憲法で掲げられた権利と抵触する。連帯は、フランス出身の国民の間でのみ発揮されるものでは決してない。それは、社会的リスクに晒される外国人を含めたフランスの居住者すべてに適用されねばならない。この点は、ＥＵも保障しているはずである。要するに、ル・ペンやゼムールのプロジェクトは排除のナショナリズムを示している。そこには外国人嫌いの姿勢が鮮明に表されている。まさに社会保障の人種差別が行われる。ロザンバロンが外国人嫌いに基づく差別の問題を論じていることに、ル・ペンは触れようとしないのである。

ところで、人々の生活条件を表す一つの指標として購買力がある。それは国民勘定システムの観点から次のように規定される[20]。世帯の購買力は粗可処分所得であり、それは基本的に全体の処分可能な原資すなわち就業所得（賃金と個人企業の利益）、資産所得（不動産所得、配当と利子）、ならびに社会的手当（家族手当、社会最低保障、年金、失業手当）を加えたものから直接税や世帯の支払う社会保険料を差し引いたものである。ただし、こうした可処分所得は名目のものであり、実質的には世帯の消費支出の変化が考慮されねばならない。しかもこの消費支出は、世帯の人数と物価に関連する。二〇〇〇年代初め以降の不動産価格の高騰や、ポストコロナの諸物価の上昇は当然、世帯の生活条件に大きな影響を与えた。このようにして見ると、購買力という指標は世帯の生活条件を規定するうえで完全ではないものの、一つの確かな目安になる。人々の購買力の低下は、かれらの生活困難を表している。そしてこの点は、移民を含めた社会的弱者に最も鮮明に現れるのである。

フランスの公共政策機関は二〇二一年一一月半ばに、マクロン政権下（二〇一七～二〇二二年）で行われた財政・社会政策が、世帯に与えた結果を公表した[21]。それによれば、ほぼすべてのフランス人はその生活水準（資本と労働の所得）を年平均で上昇させたものの、全体の五%から成る最も低い所得（月に八〇〇ユーロ以下）の世帯は、購買力を低下させたことがわかる。つまり、生活水準に関して明らかな不平等が生じたのである。実際に、全体の一%に当たる最も富裕な人々の生活水準はいっそう引き上げられ、他のフランス人よりもより大きな利益を得た。それゆえマクロンが、金持ちのための大統領と言われるのは当然であろう。

一方マクロン自身は、二〇二一年一二月半ばのテレビインタビューで、「より富裕な人も、より貧困な人もすべての人が購買力を増大させた」と語った[22]。しかし、社会的弱者としての低所得の人々は、購買力の低下を訴えていた。そこには、政府による社会・経済的総括と人々の生活感との間の大きなズレが見られる。政府が規定どおりの購買力を盾に宣言するのに対し、人々の多くは必要諸経費（住宅、保険、暖房、インターネット、学費など）を考えるからである。それらの支出は国立統計経済研究所の調査によれば、間違いなく長期にわたって増加した。この増加分は当然、より低い所得の世帯にいっそう厳しい影響を与えた。全体の二〇%に相当する最も貧困な人々は、所得の三分の一をそうした支出に費やしたのに対し、全体の二〇%に相当する最も富裕な人々がその支出に費やした分は、所得の五分の一であった。さらに、前者の人々が物価の上昇による生活水準の低下を余儀なくされたことも疑いない。こうした中で、ロシアが二〇二二年二月にウクライナに侵攻するとエネルギー価格はいっそう高騰した。[23] これにより、低所得の人々の購買力がさらに低下して生活困難に陥ったのは言うまでもなかった。

フランス社会は現在、九三〇万人の貧困者を抱えると言われる。[24] これは人口の一五%を上回る。かれらの味わう社会・経済的不平等を統計的に正しく測ることは難しい。そこには数多くの非貨幣的な要因が見られる。それらは、諸々の権利の剝奪、不安と苦しみ、肉体的・精神的な健康の悪化、社会的な虐待と差別、社会的な孤立、さらには世間に認められない能力などである。国立統計経済研究所は二〇〇四年以来、人々の生活条件の悪化を測定する作業を行ってきた。それは、所得の不足が日常生活に与える影響を測定するものであった。しかし、貧困の客観的な測定方法は依然として存在しない。差別についても同様である(第一章参照)。差別を社会・経済的不平等の問題として捉え直し、それを解消する具体的な対策を練るために、差別や不平等を数値で表す努力を積み重ねることが求められる。

以上に見たような社会的不平等は、実は教育の場面ではっきり現れている。教育は本来、医療と並んで最も普遍的な公共サービスであり、そこでは人々の機会均等が保障されねばならない。それにもかかわらず、教育機会は依然として不均等に与えられていると共に、積極的格差是正措置と呼ばれるような偽善的な政策が行われているのである(第一章参照)。しかもそれは、一般の人には気づかれないように隠されている。そこで、そうした教育における差別が表面化したときに人々の怒りが込み上げる。フランスに即して見れば、黄色いベスト運動が進む中で、社会的に恵まれない世帯の高校生が教育の差別を訴えて激しく抗議した[25]。マクロン政権下で大学入学資格の見直しが図られたことは、社会的に不利な生活条件で暮らす世帯の高校生にとって将来を非常に不安にさせるものであったからである。

要するに、教育の質は貧困者が居住する地区ほど低い。それゆえ、そこでの生徒が将来高等教育の機会を得るのは簡単でない。富裕者と貧困者の間で、教育機会の差は鮮明に現れる。そうすると、両者の間の不平等は教育をつうじて再生産されてしまう。とりわけマイノリティとみなされる人々にとって、初等教育の段階から差別されることは、かれらの子供たちの将来を奪うと言っても過言ではない。

このような教育機会の不均等は、コロナパンデミックによって加速された。外出制限の下で学校が閉鎖されたことは、教育による社会的不平等をいっそう強化するものであった。学校教育の中断は、貧困家庭の子供たちに深刻な影響を与えたからである[26]。通常そうした子供たちは、富裕な家庭の子供たちと違って学校でしか教育を受けられない。さらにオンライン教育が行われたことも、貧困家庭の子供たちを教育的に差別するものと化した。そのような家庭で、パソコンもなく、ネットワークにも登録していないケースが数多く見出せる。そして、こうした社会的弱者に対する教育の差別は、フランスのみならず全世界で共通に現れた。それゆえＩＭＦ（国際通貨基金）は、子供の教育機会の喪失に警鐘を鳴らしたのである[27]。

ピケティは、教育の機会均等に基づく知識の分散こそが、人々の出身を越えて社会的平等を達成させる中心的な手段になると訴える(28)。そこで問題は、教育の機会均等に関する公の話と教育の現実の不平等の間に大きな落差が生じている点にある。そしてこの不平等を、マイノリティを中心とする社会的に不利な立場に置かれた人々が最も強く経験していると言わねばならない。

一方、女性差別の問題は今日、いっそう普遍的なものとして現れている。先に見たゼムールは、人種差別と並んで女性差別の発言を繰り返した。確かに、彼の女性差別論は異常なほど過激であった（第三章参照）。では社会全体として見たときに、はたして女性差別は本当に解消されているかと問えば、その答えは完全にノーである。出身、国籍、ならびに肌の色の要因による差別以前に、女性に対する差別は今日においても、いわば通奏低音のごとく続いている。女性は職業選択、雇用、賃金などのいろいろな面で男性よりいっそう差別される傾向が依然として見られる。

また、こうした男女間の不平等問題は、社会での労働面にだけ現れているのではない。それは、まずもって家庭内で生じている。家庭における女性の過重な労働は長い間続いているにもかかわらず、それが大きな問題として政治の場面で取り上げられることはほとんどない。しかし、労働や家庭の面での、あるいは人権の面での女性差別は、今や避けることのできない一大社会問題となっているのである。この点は、とくにコロナ危機下ではっきりと現れた(29)。テレワークによって女性の家庭内労働は、軽減されるどころか逆に過酷なものとなった。男女平等に関する欧州機構が、そうした男女間の不平等を指摘して警鐘を鳴らしたのはそのためである。

フランス国立統計経済研究所の調査（二〇一九～二〇二〇年）によれば、差別の経験に関するアンケートにおいて、女性の回答者の二一％は差別の犠牲になったと答えている[30]。さらに、そのうちの四六％の女性が、差別は性差別によるものとしている。この割合は、二〇〇八～二〇〇九年の調査時におけるそれを二〇％近く上回っている。女性差別はこの一〇年間にますます高まっているのである。

このような中でピケティは、女性差別に関してまとまった議論を展開している[31]。以下では、それをフォローしながらこの差別問題について考えることにしたい。女性はまず、マイノリティ（少数派）であるはずがない。ところがかれらは、歴史上最も大規模に、かつまたシステマティックに差別されてきた。しかもこの点は、地球上のすべての地域に当てはまる。それはなぜなのか。ピケティはその理由を、人間社会における父権制の確立に求める。とりわけ人間の社会は、中央集権的な国家の発展に伴って父権の体系化が図られてきた。この点は、全世界に共通して言える。

男女平等が少なくとも形式的に法で認められるのは、二〇世紀後半になるまで待たねばならなかった。しかし、それでもって女性が社会的に完全に解放されたわけでは決してない。女性が家庭に入るのは社会的成果であるとするイデオロギーが、依然としてはびこっている。事実、例えばフランスで一九七〇年の総賃金のうち、女性が受け取った分はたった二〇％にすぎなかった。つまり、社会でのお金の問題は、ことさら男性に関係するものであった。

他方で、男女の総労働時間を考えてみるとどうであろうか。女性は家庭での仕事を含めれば、その半分以上を提供していると言われる。そこでピケティが強調するように、もしも所得が労働時間に応じて男女の間で共有されれば、それは所得分配の、かつまた社会における男女間の力関係の根本的転換をもたらすと言ってよい。しかし、そこにたどり着く道のりは依然として長い。総賃金に占める女性の賃金の割合は、二〇二〇年のフランスで三八％にすぎない。男性が賃金をつうじて半分以上の権力を持ち続けているのである。

さらに銘記すべき点は、男女が就業上のポストの面で同じ地位を得ていない点であろう。その結果は、男女間の賃金格差となって鮮明に現れている。この点は、とくに上級職について見ることができる。フランスを例にすれば、全体の一％に当たる最も高い報酬を得る人々のうち、女性の占める割合は一九九五年にやっと一〇％を越えたものの、二〇二〇年の段階でまだ一九％にすぎない。その進展はあまりに遅い。こうした傾向は、欧米諸国やその他の世界でも同様である。そこには、明らかに女性に対する偏見がある。確かに、この偏見を取り除くための法的な整備がこれまでなされてきた。それはフランスに即して見れば、F・ミッテラン社会党政権の下で政治的機能に関して、また近年においては企業の経営機能に関して行われた。これらはいずれも、女性に対してクォータ制度を導入するものであった。しかし、そうした措置を全面的に評価するのは時期尚早であろう。というのも、フランスの憲法では人間の平等が謳われているため、クォータ制度はそれに抵触してしまうからである。もちろん、クォータ制度の導入が男女平等に向けた第一歩になることは間違いない。しかし、女性に対して管理職の道を開くことが、男性中心主義のヒエラルキー的な社会システムを維持するための防衛手段になってはならない。クォータ制度という積極的格差是正措置が、教育の面で現れたように偽善と化してはならないのである。

さらにいっそう重要となる問題は、これまで長い間女性特有の職業とみなされてきたレジ担当者、ウエイトレス、ならびにホームヘルパーなどにおける労働条件の改善である。実際にこの点は、公の議論においても、また労働組合運動においても注目されることがなかった。フランスでは、黄色いベスト運動の中で初めて、そうした職業に従事する女性労働者、とりわけパートタイム労働者としてのシングルマザーの生活困難が浮き彫りにされたのである。[32] かれらは、生活条件の改善を求めて同運動に積極的に参加した。一方、同運動が勃発した時点で労働組合が関与することはなかった。[33] それは、かれらが同運動を労働者（その中心は男性）による階級闘争とみなさなかったからに他ならない。

では、こうした男性中心の父権制社会から脱け出るにはどうすればよいか。それには、社会的な再生産システムの抜本的な転換がどうしても必要となる。仕事上の生活と家庭での生活との関係が、それゆえ検討されねばならない。このようなピケティの考えは、コロナ危機下での社会的再生産をとおして説得力を増したと言ってよい。テレワークの進行は、否が応でも以上の二つの生活を直接に結びつけるものとなったからである。

四．差別とグローバル資本主義

かつてのヨーロッパの列強による植民地主義は、奴隷の解放から始まって第二次世界大戦後の一九六〇年代にやっと終わりを告げた。人類の世界的な平等化のプロセスは、ここから始まると期待された。ところが現代においてもなお、世界の社会・経済の様相はヒエラルキー的な不平等の姿を色濃く映し出している。この点は、とくに労働の場面ではっきりと見ることができる。極限にまで搾取された奴隷労働の過酷さは今日、低賃金で長時間の労働において、とりわけ発展途上国で確認できる。暴力の経済は生き続けている。資本主義に内在する残酷な性質は、奴隷制・植民地主義の時代から今日まで変わることがない。

植民地帝国を築き上げたヨーロッパの列強は、植民地拡大の意義を西洋文明のミッションとして捉えた。ところが実際には、植民地の建設は植民地支配者を非文明化したのである（第四章参照）。確かに物質的な側面から見れば、資本の文明化作用によって周辺部の発展がもたらされたかもしれない。しかし、そうした周辺部の人々は、非文明化された植民地支配者によって肉体と精神を破壊されたと言ってよい。これこそまさに、文明化のパラドックスを物語っている。

ここで銘記すべきは、以上のような周辺部の労働のあり方が、植民地主義の時代と同じく中心部の政府と資本によって規定されたという点である。それは、米国とイギリスを中心とした保守主義革命の下で推進された(34)。そこでは、資本と経済の自由化が強く促された。それはまた、富裕国によるグローバル経済の再編を意味した。自由な市場の無限の拡大によって、富裕国に有利となる資本主義のグローバル体制がつくり上げられたのである。そしてその先兵となったのが、先進国資本から成る多国籍企業であった。かれらは、自分たちの利益を最大化するような国際分業体制を構築した。これにより、周辺部としての貧困国の労働者は、多国籍企業によるコスト削減の論理の下に超低賃金労働を強いられた。

一方、そうした過酷な労働が、周辺部においてのみ現れているかといえば決してそうではない。先進諸国では今日、労働力不足に見舞われていると言われる。それはとくに、職能の低い労働部門に現れている。先進国の労働者は一般に、職能を高度化させたことによって単純で過酷な労働を強いられる部門に投入されなくなっているからである。そこで、そのような労働力不足分を埋め合わせるために注目されたのが、周辺部からの外国人労働者であった。かれらは、先進諸国の企業に多大な貢献をするものとみなされた。ここに、周辺部から中心部への国際労働力移動が機能したのである。しかも忘れてならないのは、外国人労働者が先進国において最も労働困難な職業で突出して多い点であろう。実際にフランスにおける二〇二一年九月の統計調査によれば、建設業界の労働者の二七%は移民であり、かつまたEU出身者ではない(35)。

ところで、外国人労働者の過酷な労働状況は日本でも確認できる。日本では外国人技能実習制度が導入され、それによって外国人労働者の労働条件が定められると共に、そうした制度を労働力の需給調整の手段として用いてはならないとされた。ところが実際には、一部の雇用主は、労働力の不足を補うために、あるいはまた労働コストを削減するために、超低賃金での労働や、強制労働に匹敵するような、人権を無視した過酷な労働を外国人に強いたのである。

このように多国籍企業を軸としたグローバル資本主義が、富裕国の利益になるような不平等なシステムから成る以上、そこから脱け出るためには、まずもって貧困国の自立的な発展が確保されねばならない。そのためには、生み出される富の再分配がグローバルな規模で進められる必要がある(36)。貧困国はそもそも、多国籍企業や地球上の億万長者の納税に基づく財政収入の一部を得る権利を持っている。なぜなら、一方で貧困国の人々は富裕国の人々と同じく、医療や教育に対して最小限の権利を持つからであり、他方で富裕国は、かれらに有利となる国際分業体制を貧困国の犠牲の下につくり上げたからである。

しかし、これまでそのような再分配が行われたためしはない。繰り返しになるが、産業革命以後の西側資本主義国の富裕化は、世界的規模でのかれらに有利な国際分業と、地球上のあらゆる自然資源や人的資源の過剰な搾取の結果であった。言い換えれば、富裕国の資本主義的発展は貧困国なしでは、さらには他の世界の資源なしではありえなかった。そうだとすれば、富の再分配をグローバルに行うことに対して富裕国は大いに責任を持たねばならないはずである。

そこで問われるのは、資本主義において公正の原則は存在するかという点であろう。富裕国のビジネス・リーダーは、資本主義経済にモラルなどはないと断じながら、利益の追求を極めるエゴイストと化す（第四章参照）。そこには、公正の原則を求めるモラルのかけらもない。その結果は、地球的規模での過酷な労働となって現れる。そうした労働は今や、周辺部としての貧困国においてのみ現れているのではない。それは、中心部としての富裕国においてさえも、単純労働セクターだけでなく高度な能力を必要とする労働セクターでも見られる。しかもそのことは合法の下で行われる。こうして現代のグローバル資本主義は極めてインモラルな社会・経済体制と化す。それゆえ、人間の人権と尊厳を軽視した競争の原則に立った体制から、それらを取り戻すための公正な原則に基づく体制に転換することが今ほど求められているときはない。

差別を伴う社会・経済的不公正の問題は、一国の国民的規模の問題に矮小化されてはならない。そうした問題の解消は、グローバル・レベルで図られる必要がある。周辺部からの移民により引き起こされる人種差別の問題や、貧困国での過酷な低賃金労働の問題を取り上げただけでも、そのような試みが喫緊の最重要な課題になることは明らかであろう。

＊＊＊

本書は、以下の四冊（著者名のアルファベット順）を訳したものである。

［1］Cécile Alduy, *La langue de Zemmour.*
［2］Ludivine Bantigny, *L'ensauvagement du capital.*
［3］Laure Murat, *Qui annule quoi ? Sur la Cancel Culture.*
［4］Thomas Piketty, *Mesurer le racisme, vaincre les discriminations.*

いずれも二〇二二年にスイユ出版社から刊行されたものであり、［1］を眞下弘子（第三章）、［2］を北垣徹（第四章）、［3］を伊東未来（第二章）、［4］を尾上修悟（第一章）が各々翻訳した。その際に記述上の形式について統一を図ったが、訳語については原著者が異なるため一部の言葉を除いて各訳者に一任した。幸いに訳者は同じ大学の教員であるため、訳出に関して意思の疎通を随時図ることができた。また、訳者は大学内での現代フランスに関する研究会のメンバーであり、今回の共訳は研究プロジェクトの一環として行われたものである。訳出にあたってはできるだけ正確に、かつまたわかりやすく訳すことを心がけたが、思わぬ誤読や読みづらい点があるかもしれない。読者諸賢のご叱正を仰ぎたい。

最後になって恐縮であるが、本書の企画から完成に至るまでつねに温かく励ましていただいた明石書店の大江道雅社長に心より深謝申し上げたい。また、原著書の選択から編集にわたって労をとっていただいた編集部長の神野斉様にも心よりお礼申し上げたい。

注

（1）Trippenbach, I., "L'hypothèse d'une candidature de Zemmour inquiète et irrite le RN", *Le Monde*, 4, septembre, 2021., do., "La droite tente de contenir le phénomène Zemmour", *Le Monde*, 1, octobre, 2021.

（2）Finchelstein, G., et Teinturier, B., "Eric Zemmour, une percée, malgré des traits d'image mauvais", *Le Monde*, 23, octobre, 2021.

（3）Johnnès, F., "Islam, immigration, place des femmes… les obsessions du polémiste", *Le Monde*, 21, septembre, 2021. ; Trippenbach, I., "Quand Zemmour prêche sa « vrais histoire » de France", *Le Monde*, 21, septembre, 2021.

（4）Trippenbach, I., "Zemmour et la fausse main tendue aux muslmans", *Le Monde*, 31, 2021.

（5）Cagé, J., *Pour une télé libre contre Bolloré*, Seuil, 2022, p.15-18.

（6）Johannès, F., et Trippenbach, I., "Marine Le Pen veut sacraliser la « priorité nationale » ", *Le Monde*, 30, septembre, 2021.

（7）Johannès, F., et Trippenbach, I., "Marine Le Pen apparaît moins extrème mais plus fragile", *Le Monde*, 18, janvier, 2022.

（8）Mazouz, S., *Race*, anamosa, 2020, p.27.

（9）Piketty, T., *Une brève histoire de l'égalité*, Seuil, 2021, p.75-77.

（10）ケネス・ポメランツ／スティーヴン・トピック、福田邦夫・吉田敦訳『グローバル経済の誕生——貿易が作り変えたこの世界』（筑摩書房、二〇一三年）二二六～二三〇ページ。
（11）Ndiaye, P., *Les noires américains*, Tallandier, 2021, chap.1.
（12）*ibid.*, chap.X.
（13）Foucart, S., "Wokisme et environnementalisme", *Le Monde*, 10-11, juillet, 2022.
（14）Pascual, J., "Un tiers des moins de 60 ans a des origins immigrées", *Le Monde*, 7, juillet, 2022.
（15）Cessac, M., "Travail des étrangers, l'impasse française", *Le Monde*, 15, février, 2022.
（16）Couvelairec, L., "Le « sentiment de discrimination » en hausse", *Le Monde*, 7, juillet, 2022.
（17）Rosanvallon, P., *Les éprouves de la vie*, Seuil, 2021.
（18）*ibid.*, p.10.
（19）Trippenbach, I., "Zemmour, Le Pen et l'aide sociale aux étrangers", *Le Monde*, 27, novembre, 2021.
（20）Billot, S., et Bourgeois, A., "Quelle(s) mesure(s) du pouvoir d'achat ?", in Insee, *L'économie française, Édition 2019*, Insee, 2019, p.84-87.
（21）Tonnelier, A., "Pouvoir d'achat : le mandat Macron à la loup", *Le Monde*, 17, novembre, 2021.
（22）Tonnelier, A., "Le pouvoir d'achat, un enjeu-clé de la campagne", *Le Monde*, 17, décembre, 2021.
（23）Mestre, A., "Pouvoir d'achat pèse sur le vote", *Le Monde*, 19, mars, 2022.
（24）Madeline, B., "Les revenues; jauge, imparfaite de la précarité", *Le Monde*, 8, décembre, 2021.
（25）拙著『「黄色いベスト」と底辺からの社会運動——フランス庶民の怒りはどこに向かっているのか』（明石書店、二〇一九年）一二四～一二五ページ。
（26）拙著『コロナ危機と欧州・フランス——医療制度・不平等体制・税制の改革へ向けて』（明石書店、二〇二一年）一六九～一七一ページ。

（27）IMF, *Fiscal Monitor — A Fair shot*, IMF, 2021, p.32.
（28）Piketty, T., *op. cit.*, p.251.
（29）前掲拙著『コロナ危機と欧州・フランス』一二一～一二三ページ。
（30）Couvelaire, L., *op. cit.*
（31）Piketty, *op. cit.*, p.266-272.
（32）前掲拙著『「黄色いベスト」と底辺からの社会運動』一四〇ページ。
（33）同前書、三八～三九ページ。
（34）Piketty, T., *op. cit.*, p.299-300.
（35）Pascual, J., "L'immigration économique reste compliquée", *Le Monde*, 26, octobre, 2021.
（36）Piketty, T., *op. cit.*, p.309-310.

【訳者略歴】

尾上修悟（おのえ しゅうご）
西南学院大学名誉教授。京都大学博士（経済学）。主な著書に『「社会分裂」に向かうフランス――政権交代と階層対立』（2018年）、『「黄色いベスト」と底辺からの社会運動――フランス庶民の怒りはどこに向かっているのか』（2019年）、『コロナ危機と欧州・フランス――医療制度・不平等体制・税制の改革へ向けて』（2022年）など、主な訳書にトマ・ピケティ『不平等と再分配の経済学――格差縮小に向けた財政政策』（2020年）など（いずれも明石書店）。

伊東未来（いとう みく）
西南学院大学准教授。博士（人間科学）。主要な業績に『千年の古都ジェンネ――多民族が暮らす西アフリカの街』（昭和堂、2016年）、"Changing Malian Women's Economic Activities: Vending in the Market, Travelling the World", *Japanese Review of Cultural Anthropology*, 18(2), 2018、『かかわりあいの人類学』（共編著、大阪大学出版会、2022年）など。

眞下弘子（ましも ひろこ）
西南学院大学教授。パリ第4ソルボンヌ大学博士課程DEA修了（文学）。主な著書に、『ラシーヌ劇の神話力』（共著、上智大学出版、2001年）、Port-Royal et l'Humanisme (in *Chroniques de Port-Royal*, Paris Bibliothèque Mazarin, 2006)、主な翻訳に、アラン・ジェヌティオ「ラ・フォンテーヌ『寓話』におけるアレゴリーの詩学」（『西南学院大学フランス語フランス文学論集』60、2020年）など。

北垣　徹（きたがき とおる）
西南学院大学教授。修士（文学）。主な著書に『社会学の問い』（中川書店、2022年）、訳書にピエール・ロザンヴァロン『連帯の新たなる哲学――福祉国家再考』（勁草書房、2006年）、ロベール・カステル『社会喪失の時代――プレカリテの社会学』（明石書店、2015年）など。

【著者略歴】

トマ・ピケティ（Thomas Piketty）
フランス国立社会科学高等研究院の研究所長、パリ経済学校の教授、ならびにグローバル不平等研究所の共同主宰者。とくに *Le capital au XXIe siècle* (2013)（山形浩生・守岡桜・森本正史訳『21世紀の資本』みすず書房、2014年）、*Capital et Idéologie* (2019)、*Une brève histoire de l'égalité* (2021) の著者として知られる。

ロール・ミュラ（Laure Murat）
カリフォルニア大学ロサンゼルス校ヨーロッパ言語・越境文化学科教授。著書に、*La Maison du docteur Blanche. Histoire d'un asile et de ses pensionnaires, de Nerval à Maupassant* (Lattès, 2001)（ゴンクール伝記賞およびアカデミー・フランセーズ批評家賞受賞。吉田春美訳『ブランシュ先生の精神病院――埋もれていた19世紀の「狂気」の逸話』原書房、2003年）、*Passage de l'Odéon. Sylvia Beach, Adrienne Monnier et la vie littéraire de l'entre-deux guerres à Paris* (Fayard, 2003)、*La Loi du genre. Une histoire culturelle du « troisième sexe »* (Fayard, 2006)、*L'Homme qui se prenait pour Napoléon. Pour une histoire politique de la folie* (Gallimard, 2011)（フェミナ賞随筆部門受賞）他。米国とフランスという二重の視点からの探究が、最近の寄稿や著作 *Ceci n'est pas une ville* (Flammarion, 2016) や *Une révolution sexuelle ? Réflexions sur l'après-Weinstein* (Stock, 2018) の特徴である。

セシル・アルデュイ（Cécile Alduy）
スタンフォード大学（米国）フランス文学・文明学の教授、パリ政治学院政治学研究センターCEVIPOFの准研究員。政治言説分析の専門家としてこれまでにスイユ出版社から *Ce qu'ils disent vraiment. Les politiques pris aux mots* (2017)、*Marine Le Pen prise aux mots. Décryptage du nouveau discours frontiste* (2015) を刊行、2015年 *Panorama des Idées* 誌「社会を考える」部門文学賞を受賞。政治ジャーナリストとして *Le Monde, AOC, Le Nouveau Magazine littéraire, L'Obs, The Atlantic, The Nation, The Boston Review, politico, CNN* に定期的に記事を寄稿する他、極右に関する学術論文を多数執筆。

リュディヴィーヌ・バンティニ（Ludivine Bantigny）
歴史家、教員・研究者、ルーアン大学 GRHisラボメンバー。社会参加、社会運動・反乱・革命の歴史を研究。この主題で数々の著作があり、とくに *La France à l'heure du monde* (Seuil, 2017)、*1968. De grands soirs en petits matins (Seuil, 2018), Révolution* (Anamosa, 2019)、*« La plus belle avenue du monde ». Une histoire sociale et politique des Champs-Élysées* (La Découverte, 2020)、*La Commune au présent. Une correspondance par-delà le temps* (La Découverte, 2021) およびユゴー・パレータとの共著 *Face à la menace fasciste* (Textuel, 2021) が知られる。

差別と資本主義
――レイシズム・キャンセルカルチャー・ジェンダー不平等

2023年6月24日　初版第1刷発行

著　者　トマ・ピケティ
ロール・ミュラ
セシル・アルデュイ
リュディヴィーヌ・バンティニ

訳　者　尾上修悟　伊東未来
眞下弘子　北垣　徹

発行者　大江道雅

発行所　株式会社 明石書店
〒101-0021 東京都千代田区外神田 6-9-5
電話 03（5818）1171　FAX 03（5818）1174
振替 00100-7-24505　https://www.akashi.co.jp

装　丁　清水　肇（プリグラフィックス）

印　刷　株式会社文化カラー印刷

製　本　本間製本株式会社

（定価はカバーに表示してあります）
ISBN978-4-7503-5603-7

不平等と再分配の経済学

格差縮小に向けた財政政策

トマ・ピケティ［著］ 尾上修悟［訳］

◎四六判／上製／232頁　◎2,400円

大著『21世紀の資本』の原点ともいえ、1990年代に刊行後改訂を重ねる概説書の邦訳版。経済的不平等の原因を資本と労働の関係から理論的に分析するとともに、その解消のために最も重要な方法として、租税と資金移転による財政的再分配の役割を説く。

【内容構成】

〈価格は本体価格です〉